季節を楽しむレシピとアイデア

おいしい12ヶ月

まいのおやつ

はじめに

この本をお手に取っていただきありがとうございます!
まいのおやつです。

「春になったら新玉ねぎがとろける鶏じゃがを作ろう」
「日差しが強くなったら、梅ささみきゅうりそうめんの季節」
「柿が手に入ったらクリームチーズとホイル焼きにしよう」
「具だくさんスープのレシピがいくつかあると寒い日もちょっと好きになれる」

めぐる季節の中で、いつの間にか定番のレシピや楽しみごとができていました。
旬のものはおいしいのはもちろん、食べるとふわっと心が緩んで元気が出る気がし
ます。

我が家の12ヶ月の定番レシピからオススメの調味料やお取り寄せ、全国のおいし
いものマップ、クリスマスカードやバレンタインのラッピングなど……
この本には、季節に沿ったレシピとアイデアをぎゅっと詰め込みました。

手元にあるだけで、開くだけでわくわくや楽しみがいっぱい増えるように。
一生そばに置いておきたくなるような、絵本のようなレシピエッセイを目指しました。

この本が少しでも皆様のお役に立てると幸いです!

まいのおやつ

Contents

はじめに……2
本書の使い方……8

4月

春を味わう
春の鶏じゃが……10
キャベツともやしのシャキシャキ春巻き……12
ホタルイカの炊き込み……14
長芋のガーリックポテサラ……15
自分を幸せにする方法……16

自分を癒す簡単おやつ
カントリーマアムフォンダン……17
お弁当に入っているとうれしくなるもの……18
たまごやきのアレンジ30……19
ピクニックのお弁当……20

5月

GWのパーティーごはん
片手で食べるえびグラタン……22
具だくさんパーティーオムレツ……24
全国おいしいものマップ……26
楽しい休日の過ごし方……28
column 絵を描くための作業机……30

6月

冷奴アレンジ……32
ひんやりおいしい そうめんレシピ6選
梅ささみきゅうりそうめん……36
アボカドキムチそうめん……36
冷やし中華風そうめん……37
明太たたき長芋そうめん……37
トマトツナそうめん……38
しらすとオクラのごま油塩そうめん……38

7月

元気が出る夏野菜レシピ
ひんやりナスの煮浸し……40
フレッシュトマトソース……42
真夏の冷やしおでん……44
夏のごほうび 冷たいおやつ……46
column　お気に入りの調味料……48

8月

夏のスタミナレシピ
てりてり豚レモン……50
ナスの肉巻きポン酢照り焼き……52

夏野菜レシピ
バターしょうゆ焼きとうもろこし……54
たこと夏野菜のデパ地下風……55
バジルとたらこのポテトサラダ……56

夏の野菜 揉むだけ&和えるだけレシピ
さわやかきゅうり大葉漬け……57
トマトとクリームチーズのおかか和え……57
column　夏の贈り物……58

9月

秋のさつまいもづくしカフェ
秋のほっこり定食（さつまいもと鶏のごまみそ、蒸しナスのしょうがじょうゆ和え、焼きまいたけとくずし豆腐のみそ汁）……62
ほくほくグラタンセット（秋鮭とさつまいものグラタン、すりおろしにんじんドレッシング、なめことしめじのスープ）……66
さつまいもとベーコンのデパ地下風……70
サクサクおさつスティック……71
ほっこりさつまいもバター……72

10月

新米を楽しむおにぎりカタログ
・梅としらすのさっぱりおにぎり……75
・たくあんとクリームチーズのだしおにぎり……75
・おかかみそラー油おにぎり……76

カリカリウインナーと枝豆のおにぎり……76
ベーコンとねぎのガーリックバターおにぎり……77
天ぷらうどん風おにぎり……77
わかめと塩昆布の給食風おにぎり……78
お茶漬けおにぎりのだしがけ……78

ごはんのおとも
ゆず香る長芋ポン酢漬け……79
のりしらす佃煮……79

ハロウィンレシピ
思い出のかぼちゃケーキ……80
かぼちゃのおばけ……82

11月

体の芯からあったまる鍋レシピ
ほっこりカレー鍋……87
野菜たっぷりちゃんぽん鍋……88
鶏むね肉と白菜の明太とろろ鍋……89

おうちで温泉旅館計画……90

簡単ホイル焼き
鮭のピザ風ホイル焼き……92
柿とクリームチーズのホイル焼き……93

column　寒い日に食べたいもの……94

12月

クリスマスのごちそう
とっておきのミルフィーユ焼き……96
フレッシュトマトの煮込みハンバーグ……98
リース風グラタンアレンジ……100

クリスマスのメニュー表＆カード……102

column　はし袋の作り方……104

1月

おもちアレンジレシピ
明太もちチーズグラタン……106

クイニーアマン風もち……108
もちしそ豚のみぞれ煮……109

ほっと落ち着く 具だくさんスープ

どっさりほうれん草のスープ……111
白菜とベーコンのおかかバタースープ……112
シーフードみそチャウダー……113
カニカマと豆腐と白菜のスープ……114
和風ミネストローネ……115
column　豚汁のこだわり……116

2月

節分豆アレンジレシピ

ピーマンの福詰め……118

バレンタイン

ざくざくチョコチーズ……120
しあわせひとくちチョコケーキ……122

大人も子どももわくわく!
バレンタインの手作りラッピング……124

column　心躍るお菓子のプレゼント……128

3月

お花見のおとも

チキンエッグバゲットサンド……130

ウキウキするサンドイッチ……132

いちごの気軽なおやつ

いちごのミニピザ……134
いちごホットミルク……135
いちごのカップ蒸しパン……136
クリームいちごトースト……137
column　夢を叶えるカード……138

おわりに……140
SHOP INFO……142

本書の使い方

作り方
手順がわかりやすいようにイラストを添えて紹介しています。イラストも楽しんでいただけるとうれしいです！

材料
レシピで使う材料を記載しています。分量は2人分を基本に、レシピによっては作りやすい分量を書いています。

memo
調理のコツやアレンジ方法、オススメの食べ方などを紹介しています。ぜひ参考にしてみてください！

本書のレシピについて

- 材料の表記は大さじ1＝15cc（15ml）、小さじ1＝5cc（5ml）、1カップ＝200cc（200ml）です。
- 電子レンジは600Wを使用しております。500Wの場合は、1.2倍を目安に様子を見て加熱時間を加減してください。
- レシピには目安となる分量や調理時間を表記していますが、様子を見て加減してください。
- 飾りで使用した材料は明記していないものがあります。お好みで追加してください。
- 野菜類は特に指定のない場合は洗う、皮をむくなどの下準備をすませてからの手順を記載しています。
- 火加減は特に指定のない場合は中火で調理しています。

春。わくわく、ソワソワと身も心も忙しいこの時期は、
旬の食材をたっぷり使った料理と、
好きなものを詰めたお弁当、
とっておきの楽しみで自分を癒していきたいです。

4月

> 春を味わう

春の鶏じゃが

春限定の一皿。ほくほくの新じゃがと
とろける新玉ねぎがたまりません。

 材料 2人分

鶏もも肉……1枚(200g)
新じゃがいも……200g
新玉ねぎ……2個
にんにく……2片
サラダ油……小さじ1
A │ 砂糖、しょうゆ、酒……各大さじ2

作り方

4月

1.
玉ねぎは大きめのくし形切りにし、にんにくはつぶす。

2.
じゃがいもは皮付きのままよく洗い、半分に切る。

3.
鶏肉はひと口大に切る。

4.
鍋に油をひいて中火で熱し、**2**と**3**を入れて焼き色をつける。

5.
玉ねぎを加えて1分程炒める。

6.
Aとにんにくを加えてふたをし、弱めの中火で5分蒸し焼きにする。

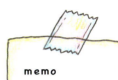

7.
一度ふたを開けて底から混ぜ、再びふたをして追加で5分蒸し焼きにする。

8.
ふたを取って強めの中火にし、混ぜながら汁気を飛ばす。

memo
冷ますとより味が染み込みます！できたてのほくほく食感も好きです。

> 春を味わう

キャベツともやしの
シャキシャキ春巻き

野菜たっぷり、サラダ感覚で食べられる春巻き。
春キャベツで作ると、よりおいしくできます。

 材料 8本分

- キャベツ……1/8個
- もやし……1袋(250g)
- 豚ひき肉……100g
- 春巻きの皮……8枚
- ごま油……小さじ1
- 片栗粉……大さじ1
- サラダ油……大さじ3

A
- しょうゆ、酒……各大さじ1
- オイスターソース、みそ……各小さじ1
- 砂糖……小さじ1/2
- 塩、こしょう……各少々

4月

1. フライパンにごま油をひいて中火で熱し、豚ひき肉を炒める。

2. 肉の色が変わったら、もやしを加えて2分程炒める。

3. Aを加え、汁気がなくなるまで炒めたら、火を止める。片栗粉を加えて混ぜ、粗熱がとれるまでおく。

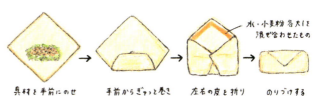

4. 3を冷ましている間にキャベツを千切りにする。

5. 3の粗熱がとれたら、春巻きの皮にキャベツの1/8量と、3の1/8量をのせて巻き、水溶き小麦粉（分量外）でのり付けする。同様にして、計8本作る。

6. フライパンの汚れをキッチンペーパーでふき取ったら、サラダ油を入れ、5の巻き終わりを下にして並べる。

7. 中火にかけ、両面にこんがりと焼き色がついたら油をきって、器に盛る。

memo
お好みで豆板醤をつけてお召し上がりください。より一層おいしくなります！

> 春を味わう

ホタルイカの炊き込み

毎年春になったら食べたくなる、海鮮のうまみたっぷりの炊き込みごはん。

材料 2合分

米……2合
にんじん……1/3本
しょうが……1片
ホタルイカ
　（生食用・下処理済み）……100g
A ┃ しょうゆ……大さじ2
　┃ みりん……大さじ1と1/2
　┃ 酒……大さじ1
　┃ オイスターソース……小さじ1/2
小ねぎ（小口切り）……適量

作り方

1.
米を研ぎ、30分浸水させる。

2.
にんじんとしょうがは千切りにする。

3.
1の水気をきり、Aを加えて2合の目盛りまで水を入れ、混ぜ合わせる。

4.
にんじん、しょうが、ホタルイカを加え、通常炊飯する。炊けたら器に盛り、小ねぎをちらす。

> 春を味わう

長芋のガーリックポテサラ

甘味のある春掘りの長芋で作りたい！

4月

材料 2人分

長芋……300g
にんにく……2片
ハーフベーコン……40g
ゆで卵(半熟)……1個
オリーブオイル……大さじ1/2
A ┃ マヨネーズ……大さじ3〜
  ┃ 塩……小さじ1/4
  ┃ 砂糖……ひとつまみ
  ┃ こしょう……5ふり
乾燥パセリ、こしょう……各適量

作り方

1. 長芋は皮をむき、ひと口大に切る。にんにくは薄切りにし、ベーコンは1cm幅に切る。ゆで卵は半分に切る。

2. 長芋を耐熱ボウルに入れてラップをかけ、電子レンジで4分30秒加熱する。やわらかくなったらフォークなどでざっくりとつぶす。

3. フライパンにオリーブオイルを中火で熱し、にんにくとベーコンを両面こんがりするまで焼く。焼き色がついたら火を止め、粗熱をとる。

半熟卵
パセリ・こしょう
をトッピング

4. 2のボウルに3とAを加え、さっくりと混ぜる。器に盛り、ゆで卵をのせてパセリとこしょうをふる。

\ わくわくを準備 /

自分を幸せにする方法

新年度、忙しい時期は楽しみを作って乗り越えたいと思っています。
些細でもうれしく感じられることをリストにしておくと、
「忙しくて考える余裕がない」という時期でもしっかり自分を喜ばせることができます。
私にとっての楽しみはこちら！

大葉を常備
いつでもさっと使えるとうれしい。

チーズは多め
いつもよりちょっと多めにすると幸せ度UP!

白米に梅干し
炊き立てのごはんに、大きなしそ漬け梅をのせて。

朝のベランダで伸び
朝一番に外の空気を吸うと、晴れやかな気分に。

お取り寄せ
届くまでの時間もわくわくできて好きです。

卵の半熟
半熟の黄身の色にも癒される気がします。

香り高いほうじ茶
ゆったりとした気分で飲むのが至福。

サーモン
お寿司やサンドイッチ、レアカツに！

晴れた日の洗濯
パリッとよく乾き、清々しい気持ちになれます。

> 自分を癒す簡単おやつ

カントリーマアムフォンダン

忙しい時期でも疲れが吹き飛ぶおいしさ!
これにホットミルクを合わせると、身も心もふわっと安らぎます。

材料 2個分

カントリーマアム……4枚
チョコレート（ひと口大のもの）……2粒

作り方

1.
耐熱皿にカントリーマアムを2枚裏返して並べ、その上にチョコレートをのせる。

2.
残りのカントリーマアムでチョコレートを挟む。

3.
ラップをかけずに500Wの電子レンジで20秒加熱し、追加で10秒加熱する。

お弁当に入っているとうれしくなるもの

春になると、お弁当を持ってお出かけしたくなります。華やかな公園でレジャーシートを広げて食べるお弁当は、特別おいしく感じるものです。
ここではSNSのフォロワーさんから教えていただいたお弁当の人気メニューをご紹介します。

たまごやきのアレンジ30

お弁当メニューの中でも特に人気なのが、たまごやき。
シンプルなものから具だくさんのものまで、様々なたまごやきを楽しめたらと
イラストにしてみました。日替わりで好きなものを選んでも楽しいはずです！

4月

ピクニックのお弁当

ぽかぽかとあたたかく、外にいるのが心地よいこの季節。
休日はとっておきの弁当を持ってピクニックに行きたくなります。

理想のお弁当

子どもの頃に入っているとうれしかったおかずを詰め込みました！ えびフライ、ハンバーグ、たまごやき、ほうれん草のごま和え、きんぴらごぼう。

4色そぼろ弁当

ほぐした焼き鮭、炒り卵、塩ゆでした小松菜、甘辛く味付けした鶏そぼろで作るお弁当。4色そろうと、とても華やかに！

いなりずし弁当

菜っ葉飯が入ったいなりずしに、桜の塩漬けを添えて春らしく。ちくわの磯辺揚げにほうれん草とにんじんのナムル、梅入りたまごやき。

明太大葉巻き弁当

明太子と大葉を開いた鶏むね肉で巻いて、しっとりと焼き上げた肉巻きがメイン。きのこのおひたし、スナップエンドウ入りのたまごやきと一緒に。

サンドイッチ弁当

P132〜133のサンドイッチ4種を詰め込んだピクニック弁当。えびアボカド、チンジャオロース、トマトソースチキン、明太マヨたまご。

のり弁

しょうゆを染み込ませたかつお節とのりをごはんに広げて。塩鮭とほうれん草入りたまごやき、たけのこの煮物にアスパラのしょうゆ炒めをのせました。

待ちに待った長期休暇。
人がたくさん集まった日に作る我が家のパーティーメニューや、
もう一度行きたい全国のおいしいお店、
家や近所での楽しみ方をまとめました。

GWのパーティーごはん

片手で食べる えびグラタン

思わず声が出るほどおいしい、片手で食べられるグラタン！

 12個分

むきえび……150g
玉ねぎ……1/4個
餃子の皮……24枚
塩……小さじ1
酒……大さじ1

A｜牛乳……150cc
　｜バター……10g
　｜薄力粉……大さじ1と1/2
　｜コンソメ……小さじ1
　｜塩、こしょう……各少々

片栗粉……小さじ1
サラダ油……大さじ1
粉チーズ……適量

🚩 作り方

5月

1.
むきえびは背わたを取ってボウルに入れ、塩と酒を加えて揉み込み、10分おく。水で洗い流し、水気をふく。

2.
玉ねぎは薄切りにした後、半分に切る。

3.
大きめの耐熱ボウルに**1**、**2**、**A**を入れて軽く混ぜ、ふんわりとラップをかけて電子レンジで4分加熱する。

吹きこぼれないようラップなし

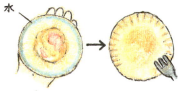
水

4.
よく混ぜ、ラップを外して電子レンジでさらに2分加熱する。

5.
片栗粉を加えてよく混ぜ、粗熱をとる。オーブンを200℃に予熱する。

6.
餃子の皮の中央に12等分した**5**をのせ、水でふちを濡らして、もう一枚の皮を重ねて包む。フォークで皮のふちに跡をつけてしっかりとめる。

7.
オーブン用シートを敷いた天板に**6**を並べ、両面にハケなどで薄く油を塗り、200℃のオーブンで10分焼く。

8.
すべて裏返して粉チーズを軽くかけ、さらに200℃のオーブンで5分焼く。

memo
- 中にとけるチーズを入れてもおいしいです。
- えびは2cm幅に切っても◎。より全体にえびが行き渡りやすくなります。
- 大さじ3の油を熱したフライパンで、両面をこんがり焼いても！

> GWのパーティーごはん

具だくさんパーティーオムレツ

大人も子どもも喜ぶ、スパニッシュオムレツ。
トマトソース（P42）をかけると、よりおいしい！

 作りやすい分量

玉ねぎ……1/2個
にんじん……1/2本
じゃがいも……大1個
ウインナー……1袋（5〜6本）
オリーブオイル……大さじ1
塩……ひとつまみ
ケチャップ、トマトソース、
乾燥パセリ……適宜

A　卵……3個
　　牛乳……50cc
　　ピザ用チーズ……50g
　　マヨネーズ……大さじ1
　　塩……小さじ1/8

作り方

5月

1.
玉ねぎ、にんじんは1cm角に切る。ウインナーは斜めに4等分にする。

2.
じゃがいもは皮をむき、1.5cm角に切って水にさらす。水をきったら耐熱ボウルに入れ、ラップをかけて電子レンジで3分加熱する。

3.
フライパンにオリーブオイルを中火で熱し、玉ねぎと塩を入れて2分炒める。

4.
にんじん、ウインナー、**2**を加え、3分炒める。

5.
耐熱皿に**A**を入れてよく混ぜる。**4**を加えて混ぜ、ラップをかけて電子レンジで2分30秒加熱する。

6.
5をトースターで表面に焼き色がつくまで、5分程焼く。切り分けて皿に盛り、お好みでケチャップやトマトソースをかけ、パセリをちらす。

全国おいしいものマップ

旅行先で食べて感動した、全国各地のおいしいもの。
北海道から沖縄まで、厳選してご紹介します。

> 高知県

カツオふれあいセンター黒潮一番館

タタキ定食

ここの塩タタキが絶品。びっくりするほど分厚い藁焼きのカツオに、天日塩と薬味をつけていただきます。カツオの藁焼き体験もできます！

> 沖縄県　石垣島

島野菜カフェ REHELLOW BEACH

島野菜と島ベーコンのゴルゴンゾーラフォンデュ

海の見えるおしゃれな空間で、おいしい島野菜をたっぷり食べられるカフェ。島ベーコンがたまらなくおいしかったです！

> 沖縄県　石垣島

石垣島ミルミル本舗

ジェラート

宿の方が「絶対に行った方がいい！」とオススメしてくださったお店。濃厚なミルクと石垣島産の果物のジェラートで幸せな気持ちに。

5月

北海道

Soup Curry Suage+

パリパリ知床鶏と野菜カレー

スパイシーなカレースープに、香ばしい素揚げ野菜がごろごろ入っています。皮がパリパリの知床鶏も、たまらなくおいしい！

岩手県

トロイカ

オリジナル・ベイクド・チーズケーキ

ロシア料理専門店のずっしりと濃厚なチーズケーキ。なめらかなくちどけに、ほんの少し感じる酸味が絶妙です！

岡山県

みそかつ 梅の木

みそかつ定食

オススメはみそかつ定食。見た目も食感も唯一無二！衣には生パン粉が使われています。ジューシーなのに、あっさり食べやすい。

兵庫県 淡路島

麺乃匠 いづも庵

玉ねぎつけ麺 華

ほんのり甘めのおだしに、もちもちの細麺。上には淡路島産の玉ねぎを丸ごと揚げた天ぷらがドン！とのっています。

＊店舗情報はSHOP INFO（P142〜143）をご確認ください。掲載している情報は2025年3月現在のものです。

＼ 家や近所でわくわく ／
楽しい休日の過ごし方

　　梅雨の訪れを感じる今日この頃。じめじめと蒸し暑い日が続いています。
変わりやすい天気でなかなか遠出もできず、休日は家で過ごすことが増えがちに。
　　せっかくのお休みの日。家の中やベランダで、また晴れ間に近所で、
ちょっとわくわくするような時間を過ごせたらと、案を6つ考えてみました。

おうち映画館

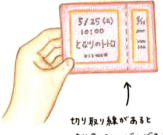

ポップコーンや フタつきのドリンクが
あると わくわく感UP♪

切り取り線があると
よりテンションが上がる！

1　100円ショップのチケット風メモに上映時間を書く。
2　決めた時間までに各々やるべきこと（家事・仕事・勉強など）を終わらせる。
3　全員集合したら上映開始！

お昼ごはんや
おやつの時間を公園で

息子が3歳の頃、「リュックに食べたいものを入れておうちを出たら、遠足のはじまり！」と言っていて、それを聞いてから外で食べるのもいいなと思うようになりました。いつもの公園でも、家のベランダでも、ちょっとした気分転換に。

5月

植物の名前がわかる
図鑑やアプリを持ってさんぽ

植物や花の名前がわかるようになると、いつもの道を歩くのがちょっと楽しくなりました（植物図鑑は軽めのものを選んで出かける）。

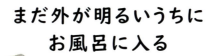

まだ外が明るいうちに
お風呂に入る

早めにお風呂に入り、「あとは何をしてもいい！」という解放感のもと、ゆっくりと過ごす。

長期休暇で遊びに行く
場所を考える

旅番組や本を見て、行きたい場所やお店、ルートを調べ、軽くまとめておく。できれば予約まで。未来の大きな楽しみを作る！

ゲーム大会

お菓子をかけて本気で勝負♪

トランプ UNO（ウノ）
あると盛り上がる定番！

百人一首
かるたはもちろん、お坊さんめくりも楽しい！

子どもたちから特に人気なのはナンジャモンジャ！

ナンジャモンジャ
キャラクターに名前をつけ、覚えて叫ぶゲーム。

ウボンゴ
速さを競い合うパズルゲーム。

人生ゲーム
大人数集まったらいつもこれ。

column
絵を描くための作業机

リビング横の一室に仕事用の作業机を置いており、この机でイラストレシピや絵本を描いています。居心地よく、わくわくできる空間を目指しました。

上＿ミニ黒板には、その時々で取り組んでいる仕事のことを書いています。　左下＿発色がよく、ずっと愛用している色鉛筆。　右下＿壁には、これまでに描いた絵をたくさん貼っています。いつでも目の届くところに絵があると、新しく描いてみたいものが思いつきやすくなる気がします。

30

梅雨。蒸し暑いこの時期は、
冷奴とそうめんがよりおいしく感じられます。
シンプルに食べるのも、
具材をたっぷりのせて見た目と食感を楽しむのも好きです。

6月

\ 選ぶのが楽しい /
冷奴アレンジ

塩とごま油
粗塩やだし塩でも!

ゆずこしょう
オリーブオイルやしょうゆも

千切りきゅうり
和風ドレッシング

キムチとごま油
のりやきゅうりを+

とろろこんぶ
そのまま or しょうゆ+

トマト 塩こんぶ
オリーブオイルがけ

のりの佃煮
ねぎをぱらっと

明太マヨ
刻みのりがけ

ゆでほうれん草
かつお節としょうゆがけ

お茶漬けの素
わさび味

わさび
めんつゆがけ

しらすとかつお節
しょうが・しょうゆがけ

湯葉のせ
薄味のおだしをかける

漬け物
漬け汁もかける

焼肉のタレ
いりごまをぱらっと

刻んだザーサイ
ツナマヨ和え

大葉とすりごま
しょうゆ or ポン酢を

新玉ねぎスライス
卵黄のせしょうゆがけ

ネギトロ
わさびじょうゆで

納豆とラー油
食べるラー油でも!

ニラじょうゆ
ごま油+

アボカド・納豆・キムチ
しょうゆ・ラー油がけ

ミニトマト
+青じそドレッシング

熱したごま油がけ
ネギ・しょうが・ミョウガ

黒みつきな粉
デザートとして!

ぐっと暑さが増すこの時期は、冷奴がよりおいしく感じられます。
ここではフォロワーさんにオススメしていただいたアレンジを50種まとめてみました。
「今日はどう食べよう？」と選ぶのが、毎日の楽しみになっています♪

6月

赤しそふりかけ
タタめが◎

塩こんぶ
ごま油やゆずポンも

山形のだし
大人気!!

塩とオリーブオイル
岩塩やトリュフ塩でも

梅
しらすも合う

マヨしょうゆ
すりごまもたっぷり

トマトツナ
ポン酢がけ

辛子じょうゆ
木綿によく合う

ミョウガおかか
ごまダレorしょうゆ

大葉とレモン
ごま油塩がけ

わさびと塩
大人の味

とけるチーズ
温奴も仲間入り

明太しょうゆ
ごま油も混ぜて

ごまドレッシング
きゅうり・ツナ・ラー油十

田楽みそ
いりごまぱらり

バジルソース
あたためても◎

イカの塩辛
小ねぎをぱらっ

刻みのり
ごま・中華ドレッシング

ネギ・卵黄・天かす
甘めのしょうゆorポン酢

めかぶ・おかか
和風ドレorポン酢

ベーコン＆じゃこ
カリカリに炒めて

なめたけ・大根おろし
ごま油・しょうゆ・おかか十

キムチ
めんつゆがけ

ザーサイとごま油
塩こぶ茶orしょうゆ

黒ねりごま
はちみつと混ぜて

\ひんやりおいしい/
そうめんレシピ6選

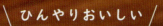

「そろそろ半袖を着たい」と思い始めたら、我が家では「そうめん始め」の合図。
様々な具材をのせ、カラフルな見た目と味を楽しむのが特別好きです。
ひんやりおいしくて、さっと作れる、そんなイチオシそうめんレシピを6つご紹介します。

明太たたき長芋そうめん
食感を残した、たたき長芋で作るそうめん。明太子と一緒につるっと!

しらすとオクラの
ごま油塩そうめん
ネバネバのオクラとしらすに、ごま油塩がぴったり。卵黄をくずしながら食べるのが至福。

梅ささみきゅうりそうめん
暑い日でもさっぱりおいしい!
私が一番好きなそうめんレシピ。

冷やし中華風そうめん
このタレがあれば、気軽に冷やし中華気分！マヨネーズやからしをつけながらどうぞ。

アボカドキムチそうめん
ガツンとおいしい。アボカドはよく熟したやわらかめのものがオススメ。

トマトツナそうめん
あっという間にできて満足感も◎ 気分でごま油かオリーブオイルを選んで。

梅ささみきゅうりそうめん

材料 2人分

鶏ささみ肉……2本
きゅうり……1本
梅干し(大)……2個
塩……ふたつまみ
酒……大さじ1
A │ 水……90cc
　│ めんつゆ(2倍濃縮)……大さじ2
　│ 白いりごま……大さじ1/2
　│ しょうゆ、ごま油……各小さじ1
　│ 砂糖……小さじ1/4
そうめん……2〜3束

> **memo**
> 2でささみに火が通っていなかったら、様子を見つつ5〜10秒ずつ追加で加熱してください。

作り方

1 鶏肉は耐熱皿にのせ、つまようじで数か所に穴を開け、塩と酒をふる。

2 ふんわりとラップをかけ、電子レンジで1分40秒加熱し、そのまま庫内で3分蒸らす(汁は捨てない)。フォークでほぐしながら筋を取る。

3 きゅうりは薄切りにする。梅干しは種を取り除いてほぐす。

4 ボウルに2(汁ごと)、3、Aを入れ、混ぜる。

5 ゆでたそうめんを器に盛り、4をかける。

アボカドキムチそうめん

> **memo**
> よく混ぜてからお召し上がりください。

材料 2人分

アボカド……1個
A │ キムチ……100g
　│ しょうゆ、ごま油、
　│ 　白だし……各小さじ2
　│ かつお節……2g
そうめん……2〜3束
温泉卵……2個
白いりごま……適量

作り方

1 アボカドは半分に切り、種と皮を取り除いて1.5cm角に切る。

2 ボウルに1とAを入れ、混ぜ合わせる。

3 ゆでたそうめんを器に盛り、2をのせる。中央に温泉卵をのせ、白いりごまをふる。

冷やし中華風そうめん

材料 2人分
トマト……1/2個
きゅうり……1/2本
ハム……4枚
ゆで卵……2個
A ｜ しょうゆ……大さじ3
　　 砂糖、酢……各大さじ2
　　 水……大さじ1
　　 ごま油……大さじ1/2
そうめん……2～3束

memo
お好みでごまをかけたり、からしやマヨネーズを添えても◎

作り方
1 トマトはくし形切りにする。きゅうりとハムは細切りにする。ゆで卵は半分に切る。
2 Aは混ぜ合わせておく。
3 ゆでたそうめんを器に盛り、2をかけ、1を並べる。

明太たたき長芋そうめん

材料 2人分
大葉……5枚
明太子……100g
長芋……200g
めんつゆ（2倍濃縮のもの）……大さじ1
そうめん……2～3束

作り方
1 大葉は千切りにする。明太子は薄皮を取り除き、ほぐす。
2 長芋は皮をむき、チャック付き保存袋に入れて麺棒で軽くかたまりが残るようにたたく。
3 2の袋に明太子、めんつゆを加えて揉み込み、全体を均一にする。
4 ゆでたそうめんを器に盛り、3をかけて大葉をのせる。

トマトツナ そうめん

memo
ごま油をオリーブオイルに替えてもおいしいです。ごまの量を増やしても◎

材料 2人分

トマト……1個
大葉……5枚
ツナ缶(油漬け)……1缶
A　めんつゆ……50cc
　　白いりごま……大さじ1
　　ごま油……小さじ1
　　粗びき黒こしょう……3ふり
そうめん……2〜3束

作り方
1 トマトは2cm角に切る。大葉は千切りにする。ツナ缶は油をきっておく。
2 ボウルにトマト、ツナ、Aを入れ、混ぜ合わせる。
3 ゆでたそうめんを器に盛り、2をかけて大葉をのせる。

しらすとオクラの ごま油塩そうめん

材料 2人分
オクラ……6本
しらす……40g
A　ごま油……大さじ2
　　塩……小さじ1/4
　　粗びき黒こしょう……3ふり
そうめん……2〜3束
卵黄……2個分
白いりごま……適量

作り方
1 オクラはガクとヘタの先端を取り除き、塩小さじ1/2(分量外)をふって板ずりする。水で洗い、水気をふき取る。
2 耐熱皿に1を重ならないように並べ、ラップをかけて電子レンジで1分加熱する。粗熱がとれたら、5mm幅の小口切りにする。
3 Aを混ぜ合わせる。
4 ゆでたそうめんを器に盛り、オクラ、しらす、卵黄の順に盛り付ける。3をかけ、白いりごまをふる。

カラフルな夏野菜は見ているだけで元気が出ます。
夏野菜を楽しむためのレシピと、
冷凍庫にあるとウキウキしてしまう
手作りの冷たいおやつをご紹介します。

7月

元気が出る夏野菜レシピ

ひんやりナスの煮浸し

毎年夏になると必ず作る一品。じゅわ～っとおいしさがあふれます。

 材料 2人分・おかわりあり

ナス……4本
ごま油……大さじ1
A｜水……200cc
　｜しょうゆ、みりん……各大さじ3
　｜顆粒だし……小さじ1/2
　｜砂糖、酢……各小さじ1/4
　｜しょうが(すりおろす)……1/2片分
好みの薬味(大葉、みょうが、しょうが、小ねぎなど)……適宜

40

作り方

7月

1.
ナスはヘタを取って縦半分に切り、皮に格子状の切り込みを入れる。

2.
フライパンにごま油を中火で熱し、ナスを皮目から焼く。焼き色がついたら裏返し、もう片面にも焼き色をつける。

3.
Aを加えて3分程煮詰める。

 2～3時間冷やす!!

4.
保存容器に移し、粗熱がとれたら冷蔵庫で冷やす。食べるときは好みの薬味をたっぷりとのせる。

memo
- 冷たいうどんにナス、つけつゆ、薬味がぴったりです！
- 薬味はたっぷりと！
- 豚しゃぶやツナ缶を合わせてもおいしいです。

> 元気が出る夏野菜レシピ

フレッシュトマトソース

トマトの甘味と酸味が楽しめるフレッシュなソース。
焼いたお肉や野菜にかけて。

 2人分

トマト……大1個
にんにく……1片
オリーブオイル……大さじ1
しょうゆ、みりん……各大さじ1

作り方

1.
トマトは1cm角に切る。にんにくはすりおろす。

2.
フライパンにオリーブオイルを弱火で熱し、にんにくを炒める。

3.
しょうゆ、みりん、トマトを加え、強めの中火でトマトをつぶしながら2〜3分煮詰める。

point
焼いた野菜や肉、魚にかけてどうぞ。

肉にかけるなら……

材料 2人分
鶏むね肉……1枚(300g)

作り方
鶏肉を観音開きにして縦半分に切り、塩小さじ1/8、酒大さじ1/2をよく揉み込み、片栗粉をまぶす。フライパンにサラダ油大さじ1をひいて中火で熱し、鶏肉を皮目から4分、裏返して3分焼く。

魚にかけるなら……

材料 2人分
好みの魚の切り身……2切れ

作り方
魚の両面に塩小さじ1/4程度をふり、10分おいて水気をふき取る。薄力粉を薄くまぶし、フライパンにバター10gを中火で熱し、魚をサクッと焼く。

point
豚肉や鶏もも肉を使う場合は、塩とこしょうをふって、サラダ油で焼き、トマトソースをかける。

7月

元気が出る夏野菜レシピ

真夏の冷やしおでん

夏に食べたい、ひんやりおでん。大葉とたたき梅を添えるのが至福!

 2人分

白だし、水……ひたひたの量
　（白だし1：水6の比率）
大葉（千切り）……4枚分
梅干し（たたく）……2個分

具材の例

ナス（ヘタを切り落として皮をむく）……2本
かぼちゃ（食べやすく切る）……1/8個
トマト（ヘタをくり抜く）……小2個
とうもろこし（4〜6等分にする）……1本
オクラ（ヘタとガクを取って板ずりする）……8本
ウインナー……6本
さつま揚げ……6枚
ゆで卵……2個

🚩 作り方

7月

1.
鍋にオクラとゆで卵以外の具材を入れ、白だしと水をひたひたに注ぐ。

白だしと水は1:6の比率で!!

2.
ふたをして強火にかけ、沸騰したら弱めの中火で15分加熱する。

重ならないように!!

3.
オクラは耐熱皿に並べ、ラップをかけて電子レンジで1分～1分30秒加熱する。

保存容器に入れる
よ～く冷やす!!

4.
2の火を止め、**3**とゆで卵を加える。粗熱がとれたら保存容器に移し、冷蔵庫で3時間冷やす。

トマトの皮はするっとむけます!!

5.
よく冷えたらトマトの皮をむき、器に盛って大葉と梅干しを添える。

memo
さつま揚げの他に、はんぺんやその他の練り物を入れても◎

夏のごほうび 冷たいおやつ

さっと簡単に作れて、ちょっと特別感がある。
夏にオススメのひんやりおやつ4選です！

冷凍バナナアレンジ

保存袋で作ったバナナアイスでできる、
2種類のおやつ。
気分によってアレンジして楽しんでいます。

バナナチョコチップアイス

きな粉バナナシェイク風

材料 1〜2人分

バナナ(完熟のもの)……2本
牛乳……100cc
砂糖……大さじ1と1/2〜2

作り方

1 バナナは皮をむき、チャック付き保存袋に入れてよくつぶす。
2 1に牛乳、砂糖を加えて揉み込み、3時間冷凍する。

バナナアイス

軽く揉み込み、そのまま食べてもおいしい！

アレンジレシピ1

食べる直前に、大きめに砕いたチョコチップクッキー2〜3枚を加え、軽く揉み込む。

アレンジレシピ2

牛乳100ccを加えてよく揉み込み、グラスに注いで仕上げにきな粉をふる。

7月

ひんやり濃厚!!

レーズンアイスサンド

クリームチーズ、レーズン、牛乳と砂糖を混ぜ、ビスケットに挟んで冷凍したアイスサンド。

材料 2個分
クリームチーズ……30g
レーズン……25g
牛乳……大さじ1/2
砂糖……小さじ1/3〜1/2
市販のビスケット……4枚

memo
長時間冷凍してかたくなった場合は、冷蔵庫に移し、やわらかくなってからお召し上がりください。

作り方

1. クリームチーズを耐熱ボウルに入れ、ラップをかけずに電子レンジで10秒加熱する。

2. レーズン、牛乳、砂糖を加え、均一になるまで混ぜる。

3. ビスケット2枚に**2**を半量ずつのせ、残りのビスケットで挟む。ラップで包んで、2時間冷凍する。

冷凍杏仁豆腐

市販の杏仁豆腐を冷凍し、
半解凍して一口サイズのダイスカットにして食べるのが好き!
暑い夏の夜にぴったりのおやつです。

夏の夜にぴったり!!

column

お気に入りの調味料

ずっと使い続けたい大好きな調味料をイラストで描いてみました！
いつもの料理がもっとおいしく、アレンジの幅も広がります。

ぽん酢しょうゆ ゆずの村
馬路村農業協同組合

お鍋に、サラダに、冷奴に。ゆずの香りに癒されます！このポン酢を使ったタレで照り焼きにすると、爽やかに仕上がります。

ヘルメス とんかつソース
株式会社 石見食品工業所

一度食べると忘れられないおいしさ！とんかつ、コロッケ、サラダにも。オニオンフリスビー（『まちどおしくなるごはん』掲載）にもかけています。

気仙沼 旨味だしの完熟かき醤油
株式会社石渡商店

まろやかで、やさしくじんわりとうま味が広がります。冷奴や卵かけごはん、お刺身にかけていただいています。

辺銀食堂の石垣島ラー油
ペンギン食堂

餃子も焼きそばも担々麺も冷奴も、このラー油をかけるとワンランク上のおいしさに！目玉焼きのせごはんにかけるのも好きです。

カレーZEPPIN
江崎グリコ

親戚が作ってくれたカレーがとてもおいしかったので、まねして同じルーを使うようになりました。牛すじカレーにするのが一番好きです！

かつおだし マル平
株式会社鰹船

一番好きなだしパックです。おみそ汁、スープ、うどん、炊き込みごはんなど、ありとあらゆる料理がよりおいしくなります！

＊商品情報はSHOP INFO（P142〜143）をご確認ください。掲載している情報は2025年3月現在のものです。

暑さにバテて、食欲も落ちてなんだか体がだるい。
そんなときでも気軽に作れて、
さっぱり食べやすく元気が出るレシピを考えました。
とっておきの夏の贈り物も。

8月

夏のスタミナレシピ

てりてり豚レモン

レモン汁入りのタレで照り焼きに。暑い日でもおいしく食べられる一品です！

 2人分

豚ロース薄切り肉……270g
塩、こしょう……各少々
片栗粉……大さじ2
サラダ油……大さじ1/2
A しょうゆ……大さじ1と1/2
　みりん、酒、レモン汁……各大さじ1
　砂糖……小さじ1

付け合わせにオススメ
レタス……適量
トマト……適量

作り方

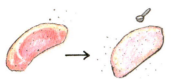  

8月

1. 豚肉を広げ、両面に塩、こしょうをふり、片栗粉をまぶす。

2. フライパンに油を中火で熱し、**1**を入れて両面に焼き色をつける。

3. 余分な油をふき取り、合わせておいた**A**を加え、煮絡める。

memo
レモンには疲労感を軽減したり、免疫力をアップしたりする効果もあるので、暑い中頑張った日の晩ごはんにオススメです。

> 夏のスタミナレシピ

ナスの肉巻き ポン酢照り焼き

とろとろジューシーなナスがたまらない。
ポン酢を使った照り焼きなので、さっぱりと食べられます。

 2人分

ナス……3本
豚バラ薄切り肉……12枚（約240g）
塩、こしょう……各少々
薄力粉……大さじ1
ごま油……小さじ1
小ねぎ（小口切り）……適量

A｜ポン酢……大さじ2
　｜酒……大さじ1
　｜みりん……大さじ1/2
　｜砂糖……小さじ1

作り方

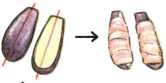

1.
ナスはヘタを取り、縦4等分に切り、豚肉を1枚ずつ巻く。

2.
全体に塩、こしょうをふり、薄力粉をまぶす。

3.
フライパンにごま油をひいて中火で熱し、巻き終わりを下にして並べる。

4.
転がしながら焼き、全面に焼き色がついたら、ふたをして弱火で5分焼く。

5.
余分な油をふき取って中火にし、合わせておいた**A**を加え、煮絡める。器に盛り、小ねぎをちらす。

memo
ポン酢は「ゆずの村(P48)」がオススメ。豚肉の下に大葉を巻いてもさっぱりおいしい◎

夏野菜レシピ

色鮮やかで食欲もUP！真夏に食べたい野菜レシピです。

バターしょうゆ焼きとうもろこし

家族から大人気！香ばしい屋台風の味です。

材料 2～3人分
とうもろこし……1本
片栗粉……大さじ1
サラダ油……大さじ1/2
バター……10g
しょうゆ……大さじ1

作り方

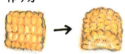

1.
とうもろこしは皮をむき、3～4等分の長さに切り、それぞれ縦半分に切る。

2.
ポリ袋に入れ、片栗粉を加えてまぶす。

3.
フライパンに油をひいて中火で熱し、**2**を実の面を下にして動かしながら3分焼き、裏返して2分焼く。

4.
バターを加え、溶けたらしょうゆをまわし入れ、さっと絡める。

> **memo**
> しょうゆに豆板醤をほんの少し混ぜると一気に大人の味わいに！

8月

たこと夏野菜の デパ地下風

カラフルな見た目が楽しいデパ地下風サラダ。
SNSで紹介すると、
たくさんの方が作ってくださったレシピです！

材料 2人分

ゆでだこ……70g
きゅうり……1本
トマト……1個
A │ しょうゆ……大さじ1と1/2
　│ 砂糖、酢……各大さじ1
　│ ごま油……大さじ1/2
　│ こしょう……3ふり
　│ にんにくチューブ……1cm
粉チーズ、こしょう……適宜

作り方

1.
きゅうりは1cm幅の輪切りにする。トマトは2cm角に切る。たこはひと口大のそぎ切りにする。

2.
ボウルにAを入れ、よく混ぜ合わせる。

3.
2に1を加えてよく混ぜ、冷蔵庫で15分以上冷やす。お好みで、食べる直前に粉チーズとこしょうをふる。

バジルとたらこのポテトサラダ

好みど真ん中のポテトサラダができました！

材料 2～3人分
バジルの葉……10枚
たらこ……30g
じゃがいも……2個(250g)
A │ オリーブオイル……大さじ2
　│ 粉チーズ……大さじ1
　│ にんにくチューブ……2cm
　│ 塩……小さじ1/4

作り方

1.
じゃがいもは皮をむき、大きめのひと口大に切り、耐熱ボウルに入れて10分程水にさらし、水気をきる。

2.
水大さじ1をまわしかけ、ラップをして電子レンジで6分加熱する。一度混ぜて、追加で2分加熱し、フォークで軽くつぶす。

3.
バジルの葉をみじん切りにし、Aと混ぜ合わせる。

4.
ほぐしたたらこと3を2に加え、和える。

memo
乾燥バジルで作る場合は1～2g程様子を見つつ加えてください。

夏の野菜
揉むだけ&和えるだけレシピ

もう一品ほしいときに簡単に作れる、夏らしい副菜レシピ。

さわやかきゅうり大葉漬け

材料 作りやすい分量
- きゅうり……1本
- 大葉……2枚
- しょうゆ、酢……各小さじ2
- 白いりごま、ごま油……各小さじ1
- 砂糖……小さじ1/2
- 塩……小さじ1/4

作り方
1. きゅうりは縦半分にし、1cm幅に切る。大葉は手で適当な大きさにちぎる。
2. チャック付き保存袋にすべての材料を入れて揉み込み、冷蔵庫で15分冷やす。

トマトとクリームチーズのおかか和え

材料 作りやすい分量
- トマト……1個
- クリームチーズ……30g
- かつお節……1袋(2g)
- しょうゆ……小さじ1程度
- こしょう……適量
- オリーブオイル(またはごま油)……ひとまわし

作り方
1. トマトはひと口大に切る。クリームチーズは1cm角に切る。
2. ボウルに1、かつお節、しょうゆを入れて和える。
3. 器に盛り、こしょうをふってオリーブオイルまたはごま油をまわしかける。

column
夏の贈り物

夏にいただいてうれしかったもの、贈って喜んでいただいたものをまとめました！
自分のごほうびにも、大切な人への贈り物にもオススメです。

サブレグラッセ
GLACIEL Entremets Glacés par LeTAO

濃厚なアイスが、サクサクのサブレ生地で挟まれています。甘さ控えめでボリューム満点！5種類の中で、カフェオレが特に好きです。

一枚流し麻布あんみつ羊かん
麻布昇月堂

美しい見た目で程よい甘さ、宝石のような羊かんです。贈り物にしたら、とても喜んでいただけました。あずき、栗、寒天、求肥すべてがおいしい！

ごっくん馬路村
馬路村農業協同組合

高知県で人気のスッキリおいしいゆずジュース。ゆずの風味とはちみつの甘味が楽しめます。キンキンに冷やして、暑い日に飲むのが至福です。

特製名菓 わらび餅
松風庵 かねすえ

もちもち、トロンとした食感が楽しめるわらび餅。香りのよいきな粉がたっぷりと付いています。黒みつはお好みで、そのまま食べてもおいしいです。

＊商品情報はSHOP INFO（P142〜143）をご確認ください。掲載している情報は2025年3月現在のものです。

暑さもやわらぎ、食欲も回復してくるこの時期。
家で作るごはんにも秋を取り入れて満喫していきたいです。
ここでは家族から喜ばれたさつまいも料理を中心にご紹介します。

9月

Cafe menu

秋のさつまいもづくしカフェ

秋のほっこり定食

我が家で大人気のさつまいもと鶏のごまみそに、さっぱりとおいしいしょうがじょうゆをかけた蒸しナスと、焼いたまいたけの香りを楽しめるみそ汁を合わせた定食です。

ほくほくグラタンセット

秋鮭とさつまいもを使ったグラタン。みそで味付けすることでよりほっこりとした味わいに。自家製すりおろしにんじんドレッシングをかけたサラダとたっぷりきのこスープを合わせて。

9月

食欲の秋到来！ さつまいもづくしカフェにようこそ。
ほっこりとした気分になれる、さつまいもを使った定食からおやつまでご用意しました。
お好みのさつまいも料理で、秋を満喫してください！

さつまいもとベーコンの デパ地下風

こんがり焼いたベーコンとさつまいも、半熟卵を和えた、甘じょっぱさがたまらない一皿。クラッカーは食べる直前に混ぜるのがポイントです。

サクサクおさつスティック

大人も子どもも楽しめるスティック状のおやつ。休日のおともにぜひ！ 砂糖を2回に分けて絡めることで、サクサクに仕上がります！

さつまいもバター

ほっこりやさしい味わいのさつまいもバター。トーストやカリッと焼いたおもちに合わせるのがオススメ！ きな粉や黒ごまをかけて。

{ 秋のほっこり定食 }

さつまいもと鶏のごまみそ

ほっこり甘くておいしい、家族から人気の秋の一皿。
これまで特にたくさんの方が作ってくださったレシピです。

 材料 2人分

さつまいも……1本(200g)
鶏もも肉……1枚(250g)
塩……ひとつまみ
サラダ油……大さじ1/2
A│砂糖、白いりごま、みそ、酒、みりん……各大さじ1

作り方

 9月

  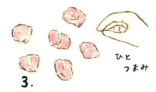

1.
さつまいもはひと口大に切り、耐熱ボウルに入れて10分程水にさらす。

2.
水気をきり、ラップをかけて電子レンジで4分加熱する。

3.
鶏肉はひと口大に切り、塩をふる。

4.
フライパンに油をひいて中火で熱し、**2**、**3**を入れてじっくり焼き色をつける。

5.
鶏肉に火が通ったら、合わせておいた**A**を加えてさっと絡める。

memo
香ばしいごまみそがたまらない！いりごまの代わりにすりごまで作ると、よりごまの香りが強くなります◎

63

> 秋のほっこり定食

蒸しナスの しょうがじょうゆ和え

レンジで気軽に。とろとろのナスとしょうがの香りに癒されて。

材料 2人分
- ナス……2本
- しょうが（すりおろす）……1/2片分
- しょうゆ……小さじ2
- ごま油……小さじ1

作り方

1. ナスはヘタを切り落とし、つまようじで数か所穴を開け、1本ずつラップで包む。

2. 電子レンジで3分加熱し、しばらく冷水につけて冷ます。

3. 粗熱がとれたら水気をふき、手で食べやすい大きさにさく。ボウルに入れ、しょうが、しょうゆ、ごま油を加えて和える。

> 秋のほっこり定食

焼きまいたけと
くずし豆腐のみそ汁

9月

焼いたまいたけの香りが楽しめるおみそ汁です。

材料 2人分
まいたけ……80g
絹ごし豆腐……90g
だし汁……500cc
みそ……大さじ1〜
サラダ油……少々
小ねぎ(小口切り)……適宜

作り方

1.
まいたけは手で大きめにさく。

2.
鍋に油をひいて中火で熱し、まいたけを入れて焼き色をつけ、一度取り出す。

3.
鍋にだし汁を沸かす。豆腐をスプーンでひと口大ずつすくい入れ、まいたけを加えて弱火で2分加熱する。

4.
火を止め、みそを溶かす。器に盛り、お好みで小ねぎをちらす。

ほくほくグラタンセット

秋鮭とさつまいものグラタン

食欲の秋を盛り上げる、秋鮭とさつまいもを使ったグラタン。
さつまいもの甘さにほっと癒される一皿です。

 材料 2人分

- 生鮭の切り身……2切れ
- さつまいも……大1本
- 玉ねぎ……1/2個
- 塩……小さじ1/4
- バター……20g
- 薄力粉……大さじ2
- 牛乳……300cc
- ピザ用チーズ……80g程度
- 乾燥パセリ……適宜
- A
  - みそ……小さじ1
  - しょうゆ、みりん……各小さじ1/2
  - 塩……ひとつまみ

作り方

9月

1.
玉ねぎは薄切りにする。さつまいもは2cm幅の半月切りにし、耐熱ボウルに入れて水にさらす。

2.
鮭の両面に塩をふり、10分おく。

3.
さつまいもは水気をきり、ラップをかけて電子レンジで3分加熱する。

骨と皮を取り除くとより食べやすい

4.
鮭の水気をふき取り、ひと口大に切る。

5.
フライパンにバターを中火で熱し、玉ねぎ、3、4を炒める。

6.
さつまいもと鮭に焼き色がついたら火を止め、薄力粉を加えて絡める。

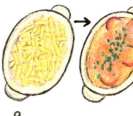

混ぜつつ加熱する

仕上げにパセリ

7.
中火にかけ、牛乳を3回に分けて加える。

8.
とろみがついたらAを加え、塩（分量外）で味を調える。

9.
耐熱皿に盛り、ピザ用チーズをかけてトースターで10分焼く。焼き上がったらお好みでパセリをちらす。

> ほくほくグラタンセット

すりおろしにんじんドレッシング

すりおろしたにんじんでさっと作れる、
自家製ドレッシングです。

材料 2人分
にんじん……1/4〜1/3本
A サラダ油……大さじ1
　酢……小さじ2
　砂糖……大さじ1/2
　しょうゆ……小さじ1/2
　塩……小さじ1/4
　こしょう……4ふり

作り方

1.
にんじんは皮をむき、すりおろす。

2.
ボウルにAを入れ、泡立て器でよく混ぜ合わせる。

3.
2に1を加え、よく混ぜる。ちぎったレタスなどにかける。

> ほくほくグラタンセット

なめことしめじのスープ

秋の味覚、きのこたっぷりのスープ。
ほんの少しカレー粉を入れて香りよく。

9月

材料 2人分
しめじ……80g
なめこ……1袋
水……450cc
コンソメ……大さじ1
カレー粉……少々

作り方

1.
しめじはほぐす。

2.
鍋に水とコンソメを入れ、中火にかける。

3.
沸騰したら1、なめこ、カレー粉を加え、弱めの中火で3分加熱する。

さつまいもとベーコンのデパ地下風

材料 2人分
さつまいも……100g
ベーコン(ブロック)……50g
ゆで卵(半熟)……2個
市販のクラッカー……3枚
オリーブオイル……大さじ1/2
にんにくチューブ……1cm
マヨネーズ……大さじ2
乾燥パセリ……適量

作り方

1.
ベーコンは拍子木切りにする。ゆで卵は4等分にする。さつまいもは2cm角に切り、耐熱ボウルに入れて10分程水にさらす。

2.
さつまいもの水気をきり、ラップをかけて電子レンジで3分加熱する。

3.
フライパンにオリーブオイルをひいて中火で熱し、にんにくチューブ、**2**、ベーコンを炒める。焼き色がついたら火を止め、粗熱をとる。

4.
天板にアルミホイルを敷いてクラッカーを並べ、トースターで1〜2分焼く。粗熱をとり、大きめに砕く。

5.
ボウルに**3**、**4**、ゆで卵、マヨネーズを入れ、ざっくり混ぜ合わせる。器に盛り、パセリをちらす。

サクサクおさつスティック

材料 2人分
さつまいも……小1本(180〜200g)
片栗粉……大さじ1
サラダ油……大さじ2
A │ バター……10g
　│ 砂糖……小さじ2〜3
　│ 塩……ふたつまみ
砂糖……小さじ1

作り方

1. さつまいもは皮をむき、1cm幅の斜め切りにし、さらに1cm幅の細切りにする。

2. ボウルに入れて10分程水にさらし、水気をキッチンペーパーでふき取る。

3. ポリ袋に2と片栗粉を入れ、よくふって全体にまぶす。

4. 大きめのフライパンに油をひいて中火で熱し、3を入れて全面に薄く焼き色をつける。

5. 余分な油をふき取り、さつまいもを端に寄せ、空いたところにAを入れて混ぜる。

6. 全体にAを絡め、さらに砂糖を加えて絡める。粗熱がとれたら器に盛る。

ほっこりさつまいもバター

材料 作りやすい分量

さつまいも……小1本(150g)
砂糖、水……各大さじ2
バター……20g
黒いりごま……適宜

作り方

皮つきのままが
食感も彩りも
いいのでオススメ

レンジは600W

しっかり
つぶして
よく混ぜる

1.
さつまいもは2cm角に切り、耐熱ボウルに入れて10分程水にさらす。

2.
1の水気をきり、砂糖と水を加え、ふんわりラップをかけて電子レンジで5分加熱する。

3.
バターを加え、フォークでつぶしながら混ぜ、なめらかにする。食べるときはお好みで黒ごまをちらす。

> 冷蔵庫で4〜5日保存できます。冷やすとかたくなりますが、食べる分だけ10〜20秒電子レンジで加熱すると、なめらかに戻ります。

新米が手に入ると、毎年おにぎりパーティーを開いています。
我が家で人気のおにぎりと、
ごはんのおともを描きました。
ハロウィンにおすすめのかぼちゃ料理もぜひ！

10月

新米を楽しむおにぎりカタログ

おいしい新米が手に入るこの時期。一番の楽しみはおにぎり！
ここではオススメのおにぎりレシピ8品と、ごはんのお供にぴったりの2品をご紹介します。

梅としらすの
さっぱりおにぎり

大葉をくるっと巻いてさっぱり仕上げました！握りたてなら、天かすのザクザク食感も楽しめます。

たくあんとクリーム
チーズのだしおにぎり

コリコリ食感のたくあんに、クリームチーズのまろやかさがよく合う！見た目も華やかです。

おかかみそラー油
おにぎり

かつお節にみそやラー油を加え、やみつきになる味わいに仕上げました。

カリカリウインナーと
枝豆のおにぎり

噛めば噛むほど楽しい食感。カリカリに焼いたウインナーと枝豆の組み合わせは間違いない！

ベーコンとねぎの
ガーリックバター
おにぎり

厚切りのベーコンと小ねぎをガーリックバターで炒め、あたたかいごはんに混ぜ込みました！

天ぷらうどん風
おにぎり

めんつゆ入りで、まるで天ぷらうどんを食べているような味わい！お好みで紅しょうがを増やしても◎

わかめと塩昆布の
給食風おにぎり

懐かしい給食のわかめごはん風おにぎり。たっぷりのわかめに塩昆布を混ぜ込みました。

お茶漬けおにぎりのだしがけ

作るたびに最高な気分になれるおにぎり茶漬け。ごま油でカリッと焼いたおにぎりのおいしいこと！

10月

梅としらすのさっぱりおにぎり

材料 2人分(4個分)
あたたかいごはん……350g
梅干し……大2個
大葉……4枚
A | しらす……25g
　| 天かす……大さじ3
　| 塩……ひとつまみ

作り方
1 梅干しは種を取り、ほぐす。大葉は茎を取る。
2 ボウルにあたたかいごはん、梅干し、Aを入れ、よく混ぜる。
3 塩(分量外)で味を調えたら4等分して握り、大葉を巻く。

memo
できたてを食べると、天かすがサクッとしていてよりおいしい!

たくあんとクリームチーズのだしおにぎり

材料 2人分(4個分)
あたたかいごはん……350g
たくあん……6枚(60g)
クリームチーズ……30g
A | 白いりごま……小さじ2
　| 顆粒だし、ごま油
　|　……各小さじ1/2
　| 塩……ふたつまみ

作り方
1 たくあんは粗みじん切りにする。クリームチーズは1cm角に切る。
2 ボウルにあたたかいごはん、1、Aを入れ、よく混ぜる。
3 塩(分量外)で味を調えたら4等分し、握る。

おかか みそラー油 おにぎり

材料 2人分(4個分)
あたたかいごはん……350g
A かつお節……2袋(4g)
　白いりごま、ごま油……各小さじ1
　みそ、しょうゆ……各小さじ1/2
　砂糖……ふたつまみ
　にんにくチューブ、
　　しょうがチューブ……各5mm
　ラー油……10滴
焼きのり……適量

作り方
1 ボウルにAを入れ、混ぜ合わせる。
2 あたたかいごはんを4等分して広げ、中央に1を塗り広げる。
3 包み込むように握り、のりを巻く。

カリカリウインナーと 枝豆のおにぎり

材料 2人分(4個分)
あたたかいごはん……350g
枝豆……150g
ウインナー……1袋(5〜6本)
塩……小さじ1/4

作り方
1 鍋にたっぷりの湯を沸かし、枝豆を5分程ゆでて実を取り出す(冷凍枝豆でもOK)。
2 ウインナーは3mm幅に切り、中火に熱したフライパンで、両面をカリッと焼く(油はひかない)。
3 ボウルにあたたかいごはん、1、2、塩を入れて混ぜる。
4 4等分して握る。

10月

ベーコンとねぎの ガーリックバター おにぎり

材料 2人分(4個分)
あたたかいごはん……350g
ベーコン(ブロック)……80g
小ねぎ……5～6本
バター……5～10g
にんにくチューブ……2cm
白いりごま……小さじ1
塩……ひとつまみ～
焼きのり……適量

作り方
1 ベーコンは拍子木切りにする。小ねぎは小口切りにする。
2 フライパンにバターをひいて中火で熱し、にんにくチューブ、ベーコンを炒める。ベーコンに焼き色がついたら小ねぎを加え、さっと炒める。
3 ボウルにあたたかいごはんと2、白いりごまを入れて混ぜ、塩で味を調える。
4 4等分して握り、のりを巻く。

天ぷらうどん風 おにぎり

材料 2人分(4個分)
あたたかいごはん……350g
A　小ねぎ(小口切り)……25g
　　紅しょうが……10g程
　　天かす……大さじ3～4
　　白いりごま、めんつゆ(2倍濃縮)
　　　……各小さじ2
　　塩……ひとつまみ～
わさび、焼きのり……適宜

作り方
1 ボウルにあたたかいごはんとAを入れ、混ぜ合わせる。
2 4等分して握る。お好みでわさびを塗ったのりを巻く。

memo
まずはそのままぱくり。次に、わさびを塗ったのりで巻くと、一気に大人の味わいに!

わかめと塩昆布の給食風おにぎり

材料 2人分(4個分)
- あたたかいごはん……350g
- 乾燥わかめ……小さじ2(約3g)
- A
  - 塩昆布……小さじ4(約7g)
  - 白いりごま……小さじ2
  - 顆粒だし……小さじ1/2
  - 塩、砂糖……各ふたつまみ

作り方
1. ボウルに乾燥わかめを入れて水で戻し、水気を絞ってみじん切りにする。
2. 別のボウルにあたたかいごはん、1、Aを入れ、混ぜる。
3. 4等分して握る。

お茶漬けおにぎりのだしがけ

材料 2人分(2個分)
- あたたかいごはん……400g
- お茶漬けの素……2袋
- 塩鮭の切り身……1切れ
- 好みの薬味
  (小ねぎ、いりごま、大葉、刻みのり、わさびなど)
  ……適宜
- だし汁……適量
  (薄めた白だしでもOK)
- ごま油……適量

作り方
1. ボウルにあたたかいごはんとお茶漬けの素を入れて混ぜ込み、2等分して握る。
2. フライパンにごま油を中火で熱し、1と塩鮭を入れて両面を焼く。おにぎりは両面をカリッとさせる。
3. 塩鮭の皮と骨を取り除き、ほぐす。薬味を用意する。
4. 器におにぎりをのせ、鮭とお好みの薬味を盛り、熱々のだし汁をかける。

ごはんのおとも

10月

ゆず香る長芋ポン酢漬け

切って漬け込むだけ！
ピリッとおいしい一品。

材料 作りやすい分量
長芋……200g
ゆずポン酢……大さじ3
ゆずこしょう……小さじ1/8〜
砂糖……ひとつまみ

作り方
1 長芋は皮をむき、1cm幅の半月切りにする。
2 チャック付き保存袋にすべての材料を入れて揉み込み、冷蔵庫で30分以上おく。

厚さがポイント！

> お気に入りの調味料（P48）で紹介した「ゆずの村」を使うのもオススメです。

のりしらす佃煮

磯の香りをたっぷりと楽しめます。
子どもにも人気です！

材料 作りやすい分量
焼きのり……全形3枚
しらす……50g
水……60cc
みりん……大さじ2
しょうゆ……大さじ1

作り方
1 のりはざっくりとちぎっておく。
2 フライパンにすべての材料を入れて弱めの中火にかけ、汁気がなくなるまで煮詰める。

> ハロウィンレシピ

思い出のかぼちゃケーキ

小さい頃に作ってもらった懐かしいおやつ。
お子様とも一緒に作っていただきやすいケーキです。

 直径15cmの丸型1台分

かぼちゃ……300g（皮と種とわたを除く）
卵……2個
生クリーム……200cc
砂糖……70〜80g
薄力粉……大さじ2

作り方

10月

1.
かぼちゃは皮と種とわたを取り除き、ひと口大に切る。耐熱ボウルに入れて水小さじ1をまわしかけ、ラップをかけて電子レンジで6分加熱する。

2.
フォークで、好みのなめらかさになるまでつぶす。オーブンは170℃に予熱する。

3.
2に卵、生クリーム、砂糖を加え、よく混ぜる。

4.
薄力粉をふるい入れ、混ぜ合わせる。

15cm 底取れ型

5.
オーブン用シートを敷いた型に流し入れ、170℃のオーブンで45分焼く。

6.
粗熱がとれたらそっと型から取り出す(焼きたては崩れやすいため、しっかりと粗熱をとる)。

ケーキの楽しみ方 いろいろ

かぼちゃのつぶし方で、食感が変わります!
粗めにつぶす or 裏ごししてなめらかに。

粗熱がとれた頃はふるふる、とろり!
冷蔵庫でよく冷やすと、しっとりずっしり!

生クリームの選び方
乳脂肪分45～47% ⇒ リッチな仕上がり
乳脂肪分35% ⇒ 軽めに
ホイップクリーム ⇒ お手頃で気軽に
生クリームの半量を牛乳にし、ホイップしてケーキに添えるのも幸せです。

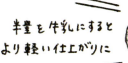

半量を牛乳にするとより軽い仕上がりに

> ハロウィンレシピ

かぼちゃのおばけ

こちらも小さい頃によく作ってもらった、思い出の一品。ハロウィンにぜひ！

 6個

かぼちゃ……150g（種とわたを除く）
マヨネーズ……大さじ1
塩、こしょう……各適量
市販のクラッカー……6枚
とけるスライスチーズ……1と1/2枚
黒いりごま……適量

作り方

10月

1.
かぼちゃはひと口大に切り、耐熱ボウルに入れて水小さじ1をかける。ラップをかけ、電子レンジで5分加熱する。

2.
かぼちゃの皮を取り除き、フォークでつぶす。粗熱がとれたら、マヨネーズと塩、こしょうを加えて混ぜる。

3.
2を6等分して丸め、クラッカーの上にのせ、その上にスライスチーズを1/4枚ずつのせる。

すぐに溶けるので様子を見つつ!!

ごまのつけ方で印象が変わる!

ハロウィンにぜひ!

4.
アルミホイルを敷いた天板に並べ、トースターでチーズが軽くとけるまで1分程焼く。

5.
黒ごまで目と口をつける。

\ 子どもも大人も喜ぶ /
かぼちゃのおばけの盛り付け例

かぼちゃのおばけをプレートごはんにのせると、一気にハロウィン感が増します！
ハンバーグにマヨネーズでクモの巣を描いて、さらにハロウィンらしくしても！

作り方

1.
ソースをかけたハンバーグに、マヨネーズで円を三重に描く。

2.
つまようじで中心から外に向けて、6方向に線を引く。

memo
・かぼちゃの皮付きだと顔色が悪くなります。ハロウィンらしくてこちらも好きです！
・つまようじで跡をつけ、手にしても！
・使用するスライスチーズの種類によっても印象が変わります（モッツァレラスライスチーズはかぼちゃの色が透けにくい）。

いよいよ寒さが増してきました。
身も心もほっと温めてくれる鍋のレシピと、
旬の食材のホイル焼き、
家で過ごす休日を満喫できる温泉旅館ごっこをご紹介します。

\ 身も心もぽかぽか /

体の芯からあったまる鍋レシピ

ぐっと冷え込む日が増える11月。しっかり着込んで出かけても、外から帰ってくると指先や耳が冷たくなり、早くあたたまりたくなります。そんな日には、ぜひおいしい鍋を。ふたを開けると一気に幸せな気持ちになれる、3種の鍋レシピです。

ほっこりカレー鍋

かつお節を入れるのがポイント！野菜と鶏もも肉がごろごろ入った、ほっとするカレー鍋。シメはうどんがオススメです。

野菜たっぷりちゃんぽん鍋

大人も子どもも大好きな味！野菜をたっぷりおいしく食べられる、ちゃんぽん風の鍋。シメはラーメンがオススメです。

鶏むね肉と白菜の明太とろろ鍋

しっとりつるんとした鶏むね肉と白菜に、たっぷりのとろろと明太子を絡めていただきます！シメは卵雑炊がオススメ。

ほっこりカレー鍋

材料 2人分

鶏もも肉……300g
玉ねぎ……1/2個
にんじん……1/2本
じゃがいも……2個
キャベツ……1/6個
長ねぎの白い部分……1本分

A | にんにく(すりおろす)、
　 | 　しょうが(すりおろす)……各1片分
　 | ケチャップ……大さじ1
　 | 塩……小さじ1/3

B | 水……600cc
　 | カレールー……2かけ
　 | コンソメ顆粒、しょうゆ、みりん
　 | 　……各小さじ1
　 | 塩……小さじ1/8〜
　 | かつお節……1パック(2g)

シメにオススメ

冷凍うどん……2玉
一味唐辛子……適宜

作り方

1.
鶏肉はひと口大に切り、**A**を揉み込み10分程おく。

2.
玉ねぎはくし形切り、にんじんは乱切り、キャベツはざく切りにする。長ねぎは1cm幅の斜め切りにする。じゃがいもは皮をむいてひと口大に切り、5〜10分水にさらして水気をきる。

3.
鍋に**B**とキャベツ以外の**2**を入れ、強めの中火にかける。沸騰したら**1**を加え、ふたをして中火で12分加熱する。

4.
キャベツを加えてふたをし、5分煮る。塩(分量外)で味を調える。

memo
シメにはうどんをぜひ!電子レンジで加熱した冷凍うどんを加えてお好みで一味唐辛子をふると、最高です。

野菜たっぷりちゃんぽん鍋

材料 2人分
むきえび……100g
豚こま切れ肉……250g
にんじん……1/2本
キャベツ……1/6個
もやし……1/2袋
かまぼこ……1/2本
牛乳……100cc
ごま油……ひとまわし

A 水……500cc
　中華スープの素
　　……大さじ2
　オイスターソース
　　……大さじ1
　にんにくチューブ、
　　しょうがチューブ
　　……各2cm

シメにオススメ
中華麺……2玉

作り方

1.
ボウルにえび、塩（分量外）、酒（分量外）を入れて揉み込み、10分おく。水で洗い、水気をふき取る。

2.
にんじんは短冊切りにし、キャベツはざく切りにする。かまぼこは3mm厚さに切る。

3.
鍋にAを入れて強めの中火にかけ、沸騰したら1、野菜、豚肉を加え、ふたをして中火で5分加熱する。

4.
具材に火が通ったら牛乳とかまぼこを加え、弱火で温める。

5.
ごま油をまわしかける。

memo
味変にお酢を少しかけてもおいしい！鍋のシメはラーメンがオススメです。

鶏むね肉と白菜の明太とろろ鍋

材料 2人分
鶏むね肉……1枚（300g）
白菜……1/4個
長芋……200g
明太子……80g
片栗粉……大さじ1

A ｜ だし汁……600cc
　｜ しょうゆ、みりん、酒
　　……各大さじ2

シメにオススメ
ごはん……お茶碗2杯分
卵……1個
小ねぎ（小口切り）……適宜

作り方

1.
白菜は3cm幅に切る。明太子はほぐす。

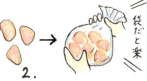

2.
鶏肉はそぎ切りにし、片栗粉をまぶす。

3.
鍋にAを入れ、強めの中火にかける。

4.
沸騰したら弱めの中火にし、白菜と2を広げて加え、ふたをして5分加熱する。加熱する間に長芋の皮をむき、すりおろす。

5.
すりおろした長芋を加えて弱火にし、ふたをして2分加熱する。明太子をのせる。

memo
シメには卵雑炊を！つゆを煮立ててごはんを加え、あたたまったら溶いた卵をまわし入れて軽く固める。お好みで小ねぎをちらす。

11月

おうちで温泉旅館計画

肌寒い季節になると、温泉に行きたい！という気持ちになります。ひとまず家でその気分を味わおうと、計画を立ててみました。

わあ！何これ!?となるといいなあ

当日までに家を片付ける!!

玄関にダンボールで作った看板を飾るとはじめから わくわく！
「〇〇様御一行」もうれしくなるから 作っておきたい。

宿泊チケット

使っていなかった手ぬぐいの出番!!

予定日の2週間程前に「温泉旅行当選」の手紙と宿泊チケットの入った封筒をポストに入れておく。

チェックインの用紙、館内案内図、「ご夕食」「ご朝食」等のチケットを簡単に作っておくと雰囲気が出そう！

和菓子があるとよりわくわく♪

客室として使う部屋にお茶セットを用意しておく。

部屋では小さい音でYoutubeの和風BGMを流しておく♪

90

11月

のれんがあるといいな！
布に「ゆ」のフェルトを貼るだけでもよさそう。

温泉の入浴剤を入れる。
温泉の効果音をBGMにする。

旅館用の浴衣が
あるといいな

アメニティ

使っていない
新しいタオルと
歯ブラシをまとめておく

お楽しみのごはんは 旅館らしく!!

こんな横に長〜い
おしながきを作る!!

おいしそう

ふるさと納税でカニや牛肉を
選んで、カニ鍋やすき焼きに♡

旅館らしさのある
いろり鍋のセットは
100円ショップでも
購入できそう。

一人鍋にするのもいいな

食後にアイスや
シャーベットを
用意しておく♪
ベランダにイスを出して
食べるのもいいな!!

ゆずかバニラ♡

理想の朝食を食べたい!!

白米
おかわり
自由

味付けのりは
必須!!

ごはんがすすむものがたくさんある!!
どうしよう!! おかわりしちゃおうかな
とわくわくする、旅館風の朝食。
↓
おなかがいっぱいになったら、チェックアウト
までの時間をごろごろのんびりする。あの
贅沢で満たされた気分を味わいたい♪

> 簡単ホイル焼き

鮭のピザ風ホイル焼き

子どもから大人気！鮭以外の魚でもおいしくできます◎

材料 2人分

- 生鮭の切り身……2切れ
- 玉ねぎ……1/2個
- ピーマン……小1個
- 塩……小さじ1/2
- 酒……大さじ1
- ピザ用チーズ……適量
- こしょう……少々

A
- ケチャップ……大さじ2
- マヨネーズ……小さじ2
- にんにくチューブ……2cm
- しょうゆ……5〜6滴
- 塩……ひとつまみ

作り方

1. 鮭の両面に塩をふり、10分程おく。

2. 玉ねぎは薄切りにする。ピーマンは縦半分に切り、種とヘタを取り除いて横に細切りにする。

3. 1の鮭の水気をふき取り、酒をふる。

4. 小さめの容器にAを入れ、混ぜ合わせる。

5. アルミホイルに玉ねぎの半量→鮭1切れ→4の半量→ピーマンの半量→チーズの順にのせ、包む。同様にもう1つ包む。

もう1人分も同様に！

6. アルミホイルを敷いた天板に5を並べ、トースターで10〜15分焼く。仕上げにこしょうをふる。

> 簡単ホイル焼き

柿とクリームチーズのホイル焼き

11月

とろける食感がたまらない、特別な気分になれる一品。
柿が手に入る時期に何度も作っています！

材料 1〜2人分
柿……1個
クリームチーズ……30g
こしょう……適量

作り方

1.
柿は皮をむき、8等分のくし形切りにする。クリームチーズは8等分に切る。

2.
長めに切ったアルミホイルの上に柿を並べ、その上にクリームチーズをのせて包む。

3.
アルミホイルを敷いた天板に**2**をのせ、トースターで12〜15分焼く。仕上げにこしょうをふる。

column
寒い日に食べたいもの

冷え込む日に食べたい!
ほかほかあったまる食べ物を集めました。

肉まん
熱々にからしをたっぷりとつけて。

豚汁
季節の野菜をたっぷり入れて。
(→P116)

パイシチュー
マッシュポテトも一緒に包むのが好きです。

ミネストローネ
たっぷりの野菜とトマトを煮込んで。(→P115)

とろろ鍋
たっぷりとすりおろしてかける。
(→P89)

おもち
トースターでぷっくり膨らむまで焼きたい!

グラタン
チーズをたっぷりかけて、こんがり焼く。(→P66)

ポタージュ
白みそで味付けするのも好きです!

おでん
だしをしっかり染み込ませて。

大切な人や、頑張った自分に作りたくなるメニューをそろえました。
クリスマスのメッセージカードやメニュー表の
テンプレートもあるので、ぜひお楽しみください!

12月

> クリスマスのごちそう

とっておきのミルフィーユ焼き

一生作り続けたい、祖母から教わった大切な料理です。
塩とナツメグで味付けしたひき肉と、卵黄入りのマッシュポテトを重ねて焼きます。

 2人分

- じゃがいも……2個（250g）
- 玉ねぎ……1/2個
- にんにく……2片
- 合いびき肉……200g
- サラダ油……大さじ1/2
- A
  - 塩……小さじ1/3
  - こしょう……5ふり
  - ナツメグ……1ふり
- 薄力粉……大さじ1
- 牛乳……50cc
- B
  - 牛乳……大さじ2
  - 塩……小さじ1/4
  - こしょう……3ふり
  - ナツメグ……1ふり
  - バター……10g
  - 卵黄……1個分

作り方

12月

1.
じゃがいもはひと口大に切る。耐熱ボウルに入れてラップをかけ、電子レンジで7分加熱する。

2.
玉ねぎとにんにくはみじん切りにする。

3.
フライパンに油をひいて中火で熱し、2と合いびき肉を火が通るまで炒める。

4.
3にAを加えて混ぜたら薄力粉を絡める。牛乳を加えて混ぜながら1分加熱し、火を止めて4等分にする。

5.
1の加熱が終わったら、フォークでつぶし、Bを加えてよく混ぜる。

6.
5をざるなどで裏ごしし、半量は絞り袋に入れ、残りは2等分にする。

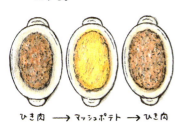

7.
耐熱皿に4→6（2等分にしたもの）→4の順に重ねて盛る。もう一皿も同様に重ねる。

8.
絞り袋に入れた6を絞り、トースターで15〜20分、マッシュポテトにしっかり焼き色がつくまで焼く。

memo
チーズを入れる場合は、工程7で4→チーズ→6→4の順で重ねてください。

クリスマスのごちそう

フレッシュトマトの煮込みハンバーグ

一番おいしいと思う煮込みハンバーグのレシピです！
ソースに生のトマトとみそを少し入れるのがポイントです。

 材料 2～3人分

合いびき肉……250g
玉ねぎ……1/2個
トマト……1個
にんにく……1片
パン粉、牛乳……各大さじ4
A | 塩……小さじ1/4
　　 | こしょう……5ふり

B | 卵……1個
　　 | 片栗粉……小さじ1
サラダ油……大さじ1/2
C | みりん、しょうゆ……各大さじ1
　　 | 砂糖……小さじ1/4
　　 | みそ……小さじ1/2
水……大さじ2
ピザ用チーズ……適宜

作り方

12月

1.
玉ねぎはみじん切りにする。パン粉は牛乳に浸しておく。

2.
合いびき肉をポリ袋に入れ、Aを加えてよくこねる。

3.
ポリ袋に1とBを加え、さらによくこねる。

4.
2〜3個に分けて丸く成形し、しばらく冷蔵庫で冷やす。

5.
4を冷やしている間にトマトを1cm角に切り、にんにくをすりおろす。

6.
フライパンに油を中火で熱し、4を入れて片面3分ずつ焼き、取り出す。

7.
6のフライパンに5とCを加え、トマトをつぶしながら2〜3分煮詰める。

8.
水を加えて混ぜ、6を戻し入れてふたをし、弱火で10分煮込む。

9.
お好みでハンバーグにピザ用チーズをのせ、ふたをして弱火で2分加熱する。

リース風グラタンアレンジ

いつものグラタンをクリスマス風に！
秋鮭とさつまいものグラタン（P66）でもおいしくできます。

材料 グラタン2皿分
アボカド……1個
レモン汁……5滴
マヨネーズ……大さじ1
塩、こしょう……各少々
とけるスライスチーズ……2枚
焼く前のグラタン……2皿

作り方

1.
チャック付き保存袋に皮と種を取り除いたアボカド、レモン汁、マヨネーズ、塩、こしょうを入れ、よく揉み込む。

チーズは溶けるスライスチーズがオススメ

2.
1の袋の端を少し切り、グラタンのふちに円形に絞り出す。

3.
リースの形になるよう、フォークで跡をつけ、トースターで焼く（焼き時間はグラタンのレシピに合わせる）。

4.
ハムやパイ生地で作ったリボンをつけ、加熱してやわらかくしたにんじんやかぼちゃで飾り付ける。

ハムリボンの作り方

作り方

1 ロースハム（スライス）の上下1cmを切る。

2 ハムの中央を谷折りにして持ち、上下を山折りにしてギャザー状になるように持つ。

3 1の切れ端を2枚重ねて中央に巻き付け、つまようじでとめる。

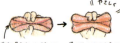

クリスマスの
メニュー表＆カード

クリスマス気分を盛り上げられたらと
メニュー表とカードを作成しました。
メニュー表はカフェの黒板をイメージしています。

クリスマスのメニュー表&カード

> クリスマスのメニュー表

クリスマス用のメニュー表とカードを、
テンプレートにしました。
QRコードからPDFをダウンロードして
厚手の紙に印刷するか、
コピー用紙に印刷したものを
厚紙に貼ると
より使いやすくなります。

- メニュー表は料理名を書いて2つ折りにし、テーブルに立てかけてご使用ください。

- クリスマスカードも中央で2つ折りにし、右の白い面にメッセージを書いてください。

素敵なクリスマスを！

DL はこちら

＊圏外ではご使用できません。
＊機種によってはご使用いただけない場合がございます。その際は直接こちらのページをコピーしてお使いください。
＊機種ごとの操作方法や設定に関してのご質問には対応致しかねます。
＊ご使用には別途通信料がかかります。
＊サーバーメンテナンスなどにより、予告なく変更、休止、中止する場合がございます。

> クリスマスカード

12月

MERRY CHRISTMAS

DL はこちら

column

はし袋の作り方

忘年会や新年会など、人が集まる場面でこのはし袋があると、気分が盛り上がります!
お名前を書いても喜ばれます。

1.
B5のコピー用紙を半分に切る。

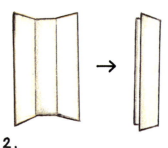

2.
縦長に持ち、ざっくりと縦三等分になるように三つ折りにする。

3.
一度開いて、両端の列の上部を斜めに切り落とし、先ほどの折り目で折って、下部3〜4cmのところを後ろ向きに折る。

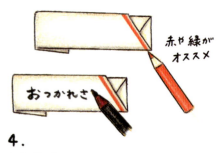

4.
色鉛筆で図のように斜めに太線を引き、筆ペンでメッセージを書く。

新しい一年が始まりました！
ここではお正月の余ったおもちを使ったグラタンやおやつ、
寒い日にほっと癒される具だくさんスープレシピを
たっぷりご紹介します。

1月

おもちアレンジレシピ

明太もちチーズグラタン

グラタン皿一つでできるのがうれしい！
おもちを買い足したくなるおいしさ。

 1人分

玉ねぎ……1/4個
明太子……50g程
切りもち……2個
薄力粉……大さじ1
めんつゆ（2倍濃縮）……大さじ1
牛乳……100cc
ピザ用チーズ……40g程
刻みのり、小ねぎ（小口切り）……各適量

作り方

1月

1.
玉ねぎは薄切りにする。明太子はほぐす。もちは6等分に切る。

2.
耐熱皿に薄力粉とめんつゆを入れ、牛乳を少しずつ加えながらよく混ぜる。

3.
玉ねぎともちを加えてさっと混ぜ、電子レンジで2分加熱する。 ラップなし!!

4.
明太子30g程を加え、よく混ぜる。

5.
チーズと残りの明太子をのせ、トースターで8分程焼く。刻みのりと小ねぎをのせる。

チーズは全体に
明太子は中央に

完成!!

クイニーアマン風もち

表面をクイニーアマンのように
カリッとさせたおやつ。

材料 2人分
切りもち……2切れ
バター……10g（5gずつに分ける）
グラニュー糖……小さじ2〜3

作り方

1.
フライパンにバター5gを中火で熱し、もちを入れて片面を4分焼く。

2.
もちを一度取り出して弱火にし、残りのバターとグラニュー糖を加えて混ぜる。

3.
フライパンにもちの焼いていない面を下にして入れ、グラニュー糖を絡めつつ2分焼く。

4.
裏返して1分焼く。側面にもグラニュー糖を絡める。

5.
器に盛る。少しおくと、表面がカリッとしてよりおいしい。

もちしそ豚のみぞれ煮

1月

カリカリに焼いたもちの肉巻きを、
ほっとするみぞれ煮に。

材料 2人分
切りもち……4個
大葉……8枚
豚バラ薄切り肉……8枚(約160g)
大根……1/4本(300g)
サラダ油……小さじ1
小ねぎ(小口切り)……適量
A｜水……50cc
　｜白だし……大さじ3

作り方

1.
大根は皮をむき、すりおろす。

2.
もちは縦半分に切る。大葉は茎を取る。

3.
もちに大葉、豚肉を順に巻き付ける。

4.
フライパンに油をひいて中火で熱し、**3**の巻き終わりを下にして並べる。全面にこんがりと焼き色がつくまで焼く。

5.
1と**A**を加え、煮立ったら弱めの中火で3分煮る。

6.
もちがやわらかくなったら器に盛り、小ねぎをちらす。

ほっと落ち着く具だくさんスープ

さっとおいしく作れる具だくさんスープのレシピがいくつかあると、
寒い日もそんなに悪くないなと思えるようになりました。
頑張った一日の終わりに食べたくなるような、ほっとするスープのレシピです。

**どっさり
ほうれん草のスープ**

トルコ料理を参考にした、我が家の定番スープ。寒い雪の日に、あたたかい部屋の中で食べたくなるような一杯です。

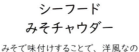

**シーフード
みそチャウダー**

みそで味付けすることで、洋風なのにどこか懐かしい、ほっとする味わいに仕上げています。

**白菜とベーコンの
おかかバタースープ**

こんがり焼いた厚切りベーコンと白菜を使ったスープ。かつお節とバター入りで、和食にも洋食にも合います！

**カニカマと豆腐と
白菜のスープ**

ボリューム満点！ふわふわの豆腐と卵、くたくたの白菜に癒されるスープです。

和風ミネストローネ

具だくさんのミネストローネをだしベースで作ってみました。野菜をたっぷり食べたい日にオススメです。

どっさりほうれん草のスープ

1月

材料 2人分

ほうれん草……1束
玉ねぎ……1/2個
にんにく……大1片
鶏もも肉……1枚(200g)
塩……ひとつまみ

バター……10g
粉チーズ……適量
A │ 水……450cc
　│ みりん……小さじ1
　│ 塩……小さじ1/2〜

作り方

1.
鍋にたっぷりの湯を沸かし、ほうれん草を3分ゆでる。ゆで上がったらボウルに移し、5分程水にさらす。

2.
玉ねぎは薄切りに、にんにくはみじん切りにする。ほうれん草は水気を絞り、2cm幅に切る。

3.
鶏肉は小さめのひと口大に切り、塩をふる。

4.
鍋にバターとにんにくを入れて弱火で熱し、香りが立ったら玉ねぎ、鶏肉を加え中火で炒める。

5.
玉ねぎがしんなりしてきたらほうれん草を加え、1分程炒める。

6.
Aを加え、弱めの中火で10分煮る。器に盛り、粉チーズをかける。

白菜とベーコンのおかかバタースープ

材料 2人分
白菜……1/8個
ベーコン(ブロック)……100g
にんにく……2片
サラダ油……小さじ1

A｜水……200cc
　｜かつお節……1パック(2g)
　｜バター……5g
　｜砂糖、塩……各小さじ1/4
　｜しょうゆ……5〜6滴
乾燥パセリ……適量

作り方

1.
白菜は2cm幅に切る。ベーコンは拍子木切りにする。にんにくはみじん切りにする。

2.
深めのフライパンに油を中火で熱し、にんにくとベーコンを炒める。

3.
白菜を加え、かさが半量程になるまで炒める。

4.
Aを加えて5分煮込む。火を止めて器に盛り、パセリをふる。

シーフードみそチャウダー

1月

材料 2人分
冷凍シーフードミックス
　……150g
じゃがいも……大1個
玉ねぎ……1/2個
にんじん……1/2本
にんにく……大1片
バター……10g
塩……ひとつまみ

薄力粉……小さじ2
A｜水……200cc
　｜酒……大さじ2
B｜牛乳……200cc
　｜ピザ用チーズ……30g
　｜みそ……小さじ1
乾燥パセリ……適量

作り方

1.
ボウルに塩水を作り、シーフードミックスを入れて解凍し、水気をふき取る。

2.
玉ねぎとにんじんは1.5cm角に切る。にんにくはみじん切りにする。

3.
じゃがいもは1.5cm角に切り、10分程水にさらして水気を切る。

4.
鍋にバターとにんにくを入れて弱火で熱し、玉ねぎ、にんじん、塩を加えて中火で炒める。

5.
じゃがいもを加えて1分程炒めたら、火を止めて薄力粉を絡める。

6.
Aを少しずつ加えながら混ぜ、火にかける。沸騰したら弱めの中火で5分煮る。

7.
シーフードミックスを加え、野菜がやわらかくなるまで5〜10分煮る。

8.
Bを加えて混ぜ、弱火で加熱する。塩（分量外）で味を調えて器に盛り、パセリをふる。

カニカマと豆腐と白菜のスープ

材料 2人分

白菜……1/8個
しょうが……1/2片
カニ風味かまぼこ……80g
卵……2個
絹ごし豆腐……150g
ごま油……小さじ1
塩……ひとつまみ

水溶き片栗粉
　……片栗粉小さじ1
　＋水小さじ2
A｜水……450cc
　｜中華スープの素、
　｜オイスターソース
　｜……各小さじ1
　｜しょうゆ……小さじ1/2
小ねぎ（小口切り）……適宜

作り方

1.
白菜は2cm幅に切る。しょうがは千切りにする。

2.
カニカマはほぐす。卵は溶いておく。

白菜が半量になるまで炒める

3.
鍋に油をひいて中火で熱し、1と塩を加えて炒める。

4.
Aを加え、沸騰したら水溶き片栗粉を加えて混ぜ、とろみをつける。

5.
豆腐をスプーンですくい入れ、カニカマを加える。2分程加熱し、塩（分量外）で味を調える。

6.
強めの中火にし、卵を細くまわし入れたら20秒待って火を止める。器に盛り、お好みで小ねぎをちらす。

和風ミネストローネ

1月

材料 2人分
玉ねぎ……1/2個
にんじん……1/2本
トマト……1/2個
じゃがいも……大1個
ウインナー……1袋(5〜6本)
にんにく(みじん切り)……1片分
オリーブオイル……大さじ1/2
塩……ひとつまみ
A | だし汁……450cc
　 | ケチャップ……大さじ1
　 | しょうゆ、みりん……各小さじ1/2

作り方

1.
玉ねぎとにんじんは2cm角に切る。

2.
トマトは2cm角に切り、ウインナーは斜めに2等分にする。

3.
じゃがいもは2cm角に切り、10分程水にさらして水気をきる。

4.
鍋にオリーブオイルとにんにくを入れ弱火で熱し、**1**と塩を加えて中火で炒める。

5.
玉ねぎがしんなりしたら**3**を加え、1分程炒める。

6.
2と**A**を加えて10〜15分、野菜がやわらかくなるまで煮る。塩(分量外)で味を調える。

column
豚汁のこだわり

食べると、ほっとあたたまる豚汁。
一年中作っている大好きな豚汁ですが、3つのこだわりがあります。

はじめに、みじん切りにしたにんにくとしょうがを炒めてから、豚肉を加える。

季節の野菜を入れて作る。

仕上げに半熟卵をのせる。これがたまりません！

豚汁で楽しむ春夏秋冬

春の豚汁
新じゃが、新玉ねぎ

夏の豚汁
オクラ、ナス、ズッキーニ

秋の豚汁
さつまいも、かぼちゃ、しめじ

冬の豚汁
白菜、にんじん、長ねぎ

バレンタインのわくわく感をより一層盛り上げる、
手作りラッピングやチョコのお菓子、
余った節分の福豆を使った
ピーマンの肉詰めレシピをご紹介します。

2月

> 節分豆アレンジレシピ

ピーマンの福詰め

余った節分豆を使ったピーマンの肉詰め。
福豆入りなので「福詰め」と呼んでいます！

 2〜3人分

合いびき肉……150g
節分豆……50g
ピーマン……5個
玉ねぎ……1/2個

A 卵……1個
　　パン粉……大さじ3〜4
　　塩……小さじ1/4
　　こしょう……3ふり

B しょうゆ、みりん、酒
　　……各大さじ1と1/2
　　砂糖……大さじ1
　　オイスターソース……大さじ1/2

薄力粉……適量
サラダ油……大さじ1/2

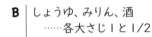

作り方

1.
ボウルに節分豆とたっぷりの水を入れ、冷蔵庫で一晩おく。

2.
玉ねぎと、水気をきった1をみじん切りにする。

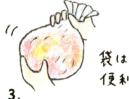

3.
ポリ袋に合いびき肉、2、Aを入れ、よくこねる。

4.
ピーマンは縦半分に切って種とヘタを取り除く。内側に薄力粉を薄くまぶし、3をぎゅっと詰める。

5.
フライパンに油をひいて中火で熱し、4の肉の面を下にして並べ入れ、3分焼く。

6.
弱火にし、ふたをして5分焼く（裏返さない）。

7.
合わせたBを加え、中火にして煮絡める。

8.
器に盛り、フライパンに残ったソースをかける。

memo
作り方2の豆のみじん切りは、お肉に近い食感にしたい場合は細かく、つぶつぶ食感を楽しみたい場合は粗めに切ってください。

> バレンタイン

ざくざくチョコチーズ

混ぜて冷やすだけ！
ザクザク食感が楽しい、デザートやおつまみにぴったりの一品。

 材料 2人分

クリームチーズ（室温に戻す）……100g
板チョコレート……2枚（100g：ミルク1枚+ビター1枚がオススメ）
ミックスナッツ……20g程
ビスケット……1〜2枚

作り方

レンジで10秒程チンしても!!

1.
ボウルにクリームチーズを入れ、泡立て器でなめらかになるまで混ぜる。

2.
別の耐熱ボウルに板チョコレートを割り入れ、ラップをかけずに電子レンジで50秒加熱し、よく混ぜる。

ゴムベラがあると楽!

3.
1のボウルに2を3回に分けて加え、その都度よく混ぜる。

4.
パウンド型やバッドにオーブン用シートを敷き、3を入れて平らにならす。

5.
砕いたナッツやビスケットをまんべんなくのせ、冷蔵庫で2時間冷やす。

細長く切っても◎

6.
3cm角に切り、器に盛る。

memo
お好みでレーズンをトッピングに加えても！白いチョコペンでデコレーションすると、かわいくなります。

> バレンタイン

しあわせひとくちチョコケーキ

冷蔵庫で2時間以上冷やすことで、ずっしり濃厚な仕上がりに。
なめらかなくちどけで、幸せな気持ちになれます。

 直径6cmのマフィン型6個分

板チョコレート……4枚(200g：ミルク3枚+ビター1枚がオススメ)
バター……30〜40g
卵……2個
牛乳……50cc

作り方

1.
耐熱ボウルに砕いた板チョコレートと、3〜4等分したバターを入れ、ラップをかけずに電子レンジで1分加熱してよく混ぜる。

2.
1に溶いた卵を3回に分けて加え、その都度よく混ぜる。オーブンを170℃に予熱する。

3.
牛乳を少しずつ加えながら、よく混ぜる。

4.
型にマフィンカップを敷き、**3**を均一に注ぐ。170℃のオーブンで18〜20分焼く。

5.
粗熱がとれたら冷蔵庫に入れ、2時間以上冷やす。

memo
焼きたてはふやふやなので、よく冷やしてからお召し上がりください。
バターは40g使うと、より濃厚な仕上がりに。

大人も子どももわくわく!
バレンタインの手作りラッピング

子どもの頃、友達や家族と手紙やプレゼントを交換するのが大好きでした。「喜んでくれるかな?」とわくわくしながら、自分で封筒やラッピング用の袋を作っていました。架空のお菓子やおもちゃのパッケージを作ったり、電車の切符風のメッセージカードを書いたり。自分のわくわくするポイントは「実際にありそうだけど、架空のもの」というところにあった気がします。今回はそんな子どもの頃のわくわく感を思い出しながら、おかし風のラッピング袋とマチ付きのミニ紙袋のテンプレートを用意しました!

おかし風ラッピング袋

中身がわからないわくわく感を味わえるようなパッケージを目指しました!原材料名の「こんな気持ち」のところにメッセージを書いていただけるとうれしいです。小包装のお菓子や小物をプレゼントするときにぜひ!お菓子を入れる場合は中身が見えないため、賞味期限を書いていただくと安心です。

マチ付きミニ紙袋

プレゼントにぴったりのミニサイズの袋です。今回はバレンタインを意識してハート形のお花模様の紙を作ってみました。ぜひプリントしてご活用ください。この紙袋の作り方を覚えておくと、ちょっとしたプレゼントを贈るときに便利です！

おかし風ラッピング袋

必要なもの
はさみ
両面テープ
ダウンロードしてカラーコピーした紙

作り方

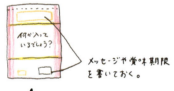

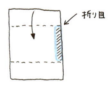

1.
黒線に沿ってはさみで切り取り、黄色の線で山折りにする。メッセージや賞味期限を書いておく。

2.
裏返し、斜線部分に両面テープを貼る。上部を折って貼り付ける。

3.
のりしろにも両面テープを貼り、下部を折って貼り付ける。

4.
袋状になったら、プレゼントしたいものを中に入れる。

5.
内側の斜線部分に両面テープを貼って、袋の口を閉じる。

6.
両端をはさみで好みの形に切る。

DL はこちら

マチ付きミニ紙袋

必要なもの
両面テープ、またはのり
A4サイズの紙……1枚

作り方

1.
A4サイズの紙を用意する。柄入りや色付きのものだと、よりかわいい。

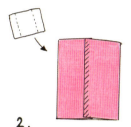

2.
中央で少し重なるように折り、のり付けする。

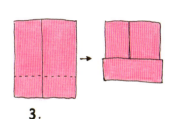

3.
下から1/4くらいのところで折り、底にする。

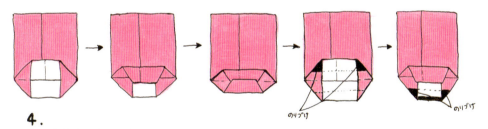

4.
底の左右を三角形に折る。上下が少し重なるように折り、底を作る。黒く塗りつぶした部分にのりを塗り、しっかり貼り付ける。

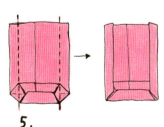

5.
点線部分で谷折りにし、しっかりと折り目をつけて袋を開く。

6.
折り目に沿ってマチの部分を折り込む。

memo
花柄の素材を用意したので、ぜひダウンロードして使ってみてください！

DLはこちら

2月

column
心躍るお菓子のプレゼント

これまでにいただいた素敵な甘いお菓子。
バレンタインの時期に私もプレゼントに選ぶようになりました。

バウムシュピッツ＆テーゲベック
ホレンディッシェ・カカオシュトゥーベ

ひと口サイズのチョコがけバウムと、宝物のような焼き菓子。

マルセイバターケーキ
六花亭

くるみがごろごろ入っています。自分へのごほうびにも！

マカロン
ピエール・エルメ・パリ

見た目も味も楽しめて、箱のデザインにも心躍ります！

ままどおる
三万石

バターを使った生地で、ミルク味のあんを包んだ焼き菓子。ほっと癒されるおいしさ。

Geisha
Fazer

フィンランドのチョコレート。ヘーゼルナッツ入りで香ばしい！

おやつカステラ
文明堂東京

しっとりおいしい。パッケージもかわいくてわくわくします！

＊商品情報はSHOP INFO（P142〜143）をご確認ください。掲載している情報は2025年3月現在のものです。

日差しがやわらかくなると、
サンドイッチをおともにさんぽに出かけたくなります。
帰りにいちごを買って、簡単なおやつを作って。
そんな休日が3月の理想です。

3月

お花見のおとも

チキンエッグバゲットサンド

これまでで一番おいしくできたチキンで、ボリューム満点のバゲットサンド。

 2人分

バゲット……1/2本
鶏もも肉……1枚（200g）
卵……2個
キャベツ……50g
サラダ油……大さじ1/2
A ┃ しょうゆ、はちみつ……各大さじ1
　 ┃ オイスターソース……小さじ1
　 ┃ にんにく（すりおろす）、しょうが（すりおろす）……各1片分
　 ┃ 一味唐辛子……少々
白いりごま……適量

作り方

1.
キャベツは千切りにする。鶏肉は半分に切る。

2.
フライパンに油をひいて中火で熱し、卵を割り入れて目玉焼きを作る。

3.
焼いている間にAを混ぜ合わせておく。

4.
2のフライパンから目玉焼きを取り出し、鶏肉を皮目から中火で3分焼く。

5.
鶏肉を裏返してふたをし、弱火で4分焼く。

6.
バゲットは長さを半分に切り、厚さも半分に切る。

7.
トースターで6を3分程、こんがりと焼き色がつくまで焼く。

8.
5のフライパンの余分な油をふき取り、3を加えて中火で絡める。

9.
バゲットの下半分にキャベツ、鶏肉、白いごま、目玉焼きの順に重ね、バゲットの上半分で挟む。

\ 休日のおともに /

ウキウキするサンドイッチ

トマトソースチキン

トマトソース（P42）をしっかり煮詰め、レタスとサクサクに焼いたチキンと一緒にサンド。

タルタルきんぴら

きんぴらごぼうにタルタルソースをのせて、カリッと焼いたパンでサンド。ほっとするおいしさ。

チンジャオロース

半熟の目玉焼きとチンジャオロースをサンド。ごはんに合うものは、サンドイッチにしてもおいしい！

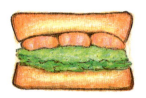

えびアボカド

つぶしたアボカド、マヨネーズ、レモン汁、こしょうを混ぜ、塩ゆでしたえびとレタスを一緒にサンド。

ブリの照り焼きトマト

ふっくらてりてりに焼いたブリとスライスしたトマト、レタスをサンド。想像以上に合います！

てりてり豚レモン

てりてり豚レモン（P50）と千切りキャベツ、にんじんを、マヨネーズを塗って焼いた食パンでサンド。

梅の花を見かけ、軽めのコートでも出かけられる気温になりました。
冬は寒くて家にいることが多かったので、あたたかくなると行きたい場所の候補が
たくさん出てきます。この時期に作りたくなるのがサンドイッチ。
休日のお昼ごはんがサンドイッチだと、なんだかウキウキします。
公園やベランダでのんびり話しながら食べるのが大好きです。

サラダチキンと春キャベツ

甘い春キャベツを千切りに。好きなドレッシングを少しかけて、サラダチキンと一緒にサンド。

サーモンきゅうり

パンにクリームチーズを塗り、サーモンと塩揉みしたきゅうりをサンド。間違いないおいしさ。

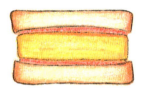

明太マヨたまご

明太子とマヨネーズを混ぜてパンに塗り、これでもかと厚焼きにしたたまごやきをサンド。

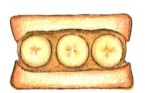

バナナピーナッツバター

バナナを輪切りにし、ピーナッツバターを塗ったパンでサンド。香ばしくねっとりとしたくちどけ。

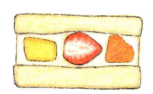

ヨーグルトフルーツサンド

よく水切りしたヨーグルトに砂糖を少し混ぜ、好きなフルーツをサンド。さっぱりおいしい。

キウイクリーム

フレッシュなキウイを、クリームチーズかマスカルポーネを加えた生クリームでサンド。

> いちごの気軽なおやつ

いちごのミニピザ

おつまみにもぴったり！
甘じょっぱさがくせになる大人向けのミニピザ。

材料 1〜2人分
いちご……2〜3粒
市販のクラッカー……5枚
ピザ用チーズ……適量
塩、こしょう……各少々

作り方

1.
いちごはヘタを取り、薄切りにする。

2.
天板にアルミホイルを敷いてクラッカーを並べ、ピザ用チーズ、いちごをのせる。

おやつにも
おつまみにも

3.
トースターで、焦げないように様子を見ながら2〜3分焼く。仕上げに塩、こしょうをふる。

> いちごの気軽なおやつ

いちごホットミルク

ミルクのピンクといちごの赤が華やか。
やさしい甘さです。

3月

材料 1人分
いちご……4〜5粒
砂糖……小さじ1
牛乳……200cc

作り方

1.
いちごはヘタを取り、耐熱マグカップに入れてフォークでつぶす。

2.
砂糖と牛乳を加えて混ぜる。ふんわりとラップをかけて電子レンジで1分30秒加熱する。

> いちごの気軽なおやつ

いちごのカップ蒸しパン

レンジで気軽にできる蒸しパン。
甘酸っぱさに春の訪れを感じます。

材料 1人分
いちご……5粒
ホットケーキミックス……大さじ4
砂糖……小さじ2
牛乳……大さじ2と1/2

作り方

1.
いちごは小さく刻む。

2.
耐熱マグカップに1とホットケーキミックス、砂糖、牛乳を入れ、よく混ぜる。

3.
ふんわりとラップをかけて電子レンジで2分加熱する。様子を見て、加熱が足りないようであれば追加で10〜20秒加熱する。

> いちごの気軽なおやつ

クリームいちごトースト

いちごをぜいたくに味わえるトースト。
ケーキやパイを食べているような気分になれます！

材料 1人分
いちご……3粒
クリームチーズ(室温に戻す)……15g
砂糖……小さじ1/2
食パン……1/2枚

作り方

1.
いちごはヘタを取り、薄切りにする。

2.
ボウルにクリームチーズ、砂糖を入れて混ぜ、食パンにぬる。

3.
トースターで3分程焼き、いちごをのせる。

column
夢を叶えるカード

叶えたい夢を定期的に見返せるよう、名刺サイズのカードにイラストと一緒に描くようにしています。叶えた日付を書き込めるようにして、箱も画用紙で手作りしてみました。可視化することで、より夢を意識できるようになりました。

料理に興味を持っている息子と一緒に楽しめる絵本を描く。食材のこと、料理のことと自然に覚えてしまうような本。

作ったミニチュア本・豆本をガチャガチャにする。カラフルで見ていてわくわくするようなものにする。

もう一度、小笠原諸島へ行く。また南島に上陸する。ホエールウォッチングツアーに参加。クジラの歌を聞きたい。

読んでくださった方々の心に残るような絵本を描く。子どもの成長に合わせた絵本をずっと描き続ける。

叶えた日　年　月　日

飲食店や食べもの屋さんのイラストメニュー表を描くお仕事をする。夢んでいただけるものを描く。

日本全国のおいしい駅弁を食べる列車旅をする。食べた駅弁は絵日記として記録しておく。

自分で鯛を釣る。釣った魚用は湯引きにする。鯛飯とアラ汁も!!食べたいものがたくさん。

屋久島の縄文杉をしっかりトレーニングした上で見に行く。たくさん写真を撮り、帰宅後風景画を描くところまでが夢。

叶えた日　年　月　日

夢を叶えるカードの作り方

1.

叶えたい夢を考える。夢の大きさは問わず、わくわくできることを書き出していく。

2.

名刺サイズのカードを用意し、下半分に夢の内容を文章で書く。叶えた日付も書き込めるようにする。

3.

カードの上部に夢に関連するイラストを描く。イラストがあると夢を叶えた後のことを具体的にイメージできる気がします。

Pick up

やりたいことも行きたい場所もたくさんあるので、少しずつ叶えていきたいです!

おわりに

子どもが通っている保育園に広い花壇があります。季節ごとに色と
りどりの花が植えられていて、息子はそれを見るのが大好きです。
「チューリップ、また咲いたらいいな」
「この花の名前は何かな?」
「ひまわり、おっきいね」
日々のほんのひとときですが、花を見て話す時間に癒されています。

花をきっかけに、家族で季節について話すことが増えました。
服装のこと、空模様のこと、野菜や果物、魚介類のこと。
スーパーで旬のものを息子と一緒に選んで、料理をして、食べて。

大人になって、仕事に家事に忙しくしていると、年々時の経過を早く
感じるようになりました。「もう年末!?」とカレンダーを見て驚くこと
もしばしば。
そんな中、ほんの少しの時間でも花を見たり、旬の食べ物を味わった
り、「この季節になったらこんなことをしよう」と楽しみを持つように
すると、なんだか自分にいいことをしているような、自分の人生を大
切にしているような感覚になりました。

つい忘れがちになる季節の楽しみを何度でも思い出せたらと、この
本を作りました。本を開いてくださった方に、少しでもわくわくと楽
しい気持ちになっていただけたら何よりうれしいです。
最後まで読んでいただきありがとうございました。

まいのおやつ

SHOP INFO

全国おいしいもの MAP（P26）

カツオふれあいセンター 黒潮一番館
高知県幡多郡黒潮町佐賀 374-9
営業時間　平日 11:00 ～ 15:00
土日祝 11:00 ～ 16:00
定休日　火曜日（祝祭日の場合は営業）
問い合わせ先　0880-55-3680

島野菜カフェ REHELLOW BEACH
沖縄県石垣市真栄里192-2
営業時間　9:00 ～ 18:00
定休日　不定休
お問い合わせ先　beach@rehellow.com

石垣島ミルミル本舗 本店
沖縄県石垣市新川 1583-74
営業時間　夏季 10:00 ～ 19:00
冬季 10:00 ～ 18:30
定休日　なし
お問い合わせ先　info@mirumiru.okinawa

Soup Curry Suage＋ 本店
北海道札幌市中央区南 4 条西 5 丁目
都志松ビル 2F（ノルベサ南向）
営業時間　平日 11:30 ～ 21:00（L.O.20:30）
＊月・木曜のみ 11:30 ～ 20:30（L.O.20:00）
土日祝 11:00 ～ 21:00（L.O.20:30）
定休日　なし
問い合わせ先　011-233-2911

トロイカ
岩手県北上市上江釣子 16-55-1
営業時間　10:00 ～ 17:30（L.O.15:00）
定休日　水・木曜日
問い合わせ先　0197-62-4365

みそかつ 梅の木
岡山県倉敷市阿知 2-19-3
営業時間
11:00 ～ 15:00（L.O.14:20）
17:00 ～ 21:00（L.O.20:20）
定休日　木曜日（祝日は除く）
問い合わせ先　086-422-1282

麺乃匠 いづも庵
兵庫県淡路市志筑 3522-1
営業時間
月・火・水曜日 11:00 ～ 15:00
金・土・日曜日 11:00 ～ 21:00
（L.O.20:00、15:00 ～ 17:00 は準備中）
定休日　木曜日（祝祭日は営業・翌日休業）
問い合わせ先　0799-62-6002

column
お気に入りの調味料（P48）

馬路村農業協同組合
0120-559-659

株式会社 石見食品工業所
http://herumesu.shop-pro.jp/

株式会社石渡商店
石渡商店オンラインショップ
https://www.ishiwatashoten.co.jp/

ペンギン食堂
ペンギン食堂オンラインショップ
https://penshoku.jp/

江崎グリコ
グリコお客様センター
0120-917-111

株式会社鰹船
0120-119213

夏の贈り物（P58）

- - - - - - - - - - - - - - - -

LeTAO GLACIEL

小樽洋菓子舗ルタオ
0120-222-212

麻布昇月堂

03-3407-0040

馬路村農業協同組合

0120-559-659

松風庵 かねすえ

株式会社かねすえ
http://www.kanesue.net

column
心躍るお菓子のプレゼント（P128）

- -

ホレンディッシェ・
カカオシュトゥーベ

公式 HP
http://hollaendische-kakao-stube.jp/

六花亭

オンラインショップ
https://www.rokkatei-eshop.com/

ピエール・エルメ・パリ

オンラインショッピングカスタマーセンター
03-4455-7675

三万石

株式会社 三万石
http://www.sanmangoku.co.jp/

Fazer

三井物産流通グループ株式会社
https://mitsuifoods.co.jp/mfp/import/fazer/

文明堂東京

株式会社文明堂東京 お客様相談室
0120-400-002

＊掲載している情報は、2025年3月時点のものです。商品情報や店舗情報は変更になる可能性があります。

撮影　市瀬真以
デザイン　中村 妙
スタイリング　青木夕子
校正　東京出版サービスセンター
編集　枝久保英里（ワニブックス）

季節を楽しむレシピとアイデア

おいしい12ヶ月

まいのおやつ　著

2025年4月15日 初版発行

発行者　髙橋明男

発行所　株式会社ワニブックス
　　　　〒150-8482
　　　　東京都渋谷区恵比寿4-4-9　えびす大黒ビル
　　　　ワニブックスHP http://www.wani.co.jp/
　　　　（お問い合わせはメールで受け付けております。
　　　　HPより「お問い合わせ」へお進みください）
＊内容によりましてはお答えできない場合がございます。
印刷所　株式会社美松堂
DTP　株式会社明昌堂
製本所　ナショナル製本

定価はカバーに表示してあります。

落丁本・乱丁本は小社管理部宛にお送りください。
送料は小社負担にてお取替えいたします。ただし、
古書店等で購入したものに関してはお取替えでき
ません。

本書の一部、または全部を無断で複写・複製・転
載・公衆送信することは法律で認められた範囲を
除いて禁じられています。

©まいのおやつ2025
ISBN 978-4-8470-7536-0

＊掲載している情報は、2025年3月時点のものです。商品情報や店舗情報は変更になる可能性があります。